KB135473

월드컵 축구 100년

100번의 영광과 좌절의 순간들

월드컵 축구 100년

100번의 영광과 좌절의 순간들

기영노 지음

시간의물레

지금으로부터 꼭 100년 전인 1924년, 파리 올림픽을 계기로 파리에서 열린 '1924 파리 FIFA 총회'는 세계축구선수권대회의 이름을 '월드컵 축구대회'로 정했다.

파리 총회에서는 (월드컵대회)준비를 위한 세부사항까지 논의되는 등 급진전하기 시작했다.

그로부터 2년 후인 1926년 FIFA 총회에서 프랑스 축구협회 들로네 씨가 "이제 축구는 (올림픽의)울타리를 벗어날 때가 되었다. 세계에는 많은 프로 축구팀이 생기고 있어서 아마추어만 출전하는 올림픽에서는 진정한 의미에서 최강 팀을 가릴 수 없다. 프로와 아마추어가 모두 참가하는 (월드컵 축구)대회를 만들자"라며 호소했고, 들로네의 의견은 당시 총회에 참가했던 30개 회원국 가운데 프랑스 등 25개 회원국의 찬성으로 가결되었다.

국제축구연맹(FIFA)은 월드컵 축구대회 개막을 선포해서 4년마다 열리도록 했고, 1회 대회는 올림픽이 열리는 중간 해인 1930년에 개최하기로 결정했다.

1회 대회 유치를 위해 이탈리아, 네덜란드, 스페인, 스웨덴 등이 치열하게 경쟁을 벌였으나 1930년에 '독립 100주년'을 맞는 우루과이에게 행운이 돌아갔다.

　우루과이는 '새가 돌아오는 강'이란 뜻인데, '행운의 월드컵 새'가 날아든 것이다.

　2026 북중미 월드컵에 이어 2030년 월드컵이 우루과이에서 개최될 가능성이 높아, 우루과이에는 100년 만에 두 번째 행운의 월드컵 새가 날아들 것 같다.

　1924년 월드컵 태동 이후, 100년의 세월을 지내오는 동안 이제 지구촌 어느 나라를 둘러보아도 월드컵을 홀대하는 나라는 없다. 오히려 더 활성화시키지 못해 안달들이다.

　인기 구기종목 가운데 축구만큼 인간의 원초적 본능을 잘 나타내는 종목도 없다.

　많은 스포츠 종목 가운데 룰이 가장 간단하다. 동그란 공을 상대 팀 골대 안으로 집어넣기만 하면 되는 것이다. 그래서 많은 사람들이 축구를 쉽게 접하며 열광한다.

　400g 안팎의 축구공은 마치 지구만큼 엄청난 무게를 지니고 있다.

　축구공이 골문 안으로 들어갔느냐, 벗어났느냐에 따라 수많은 사람이 울고 웃고 심지어 목숨까지 잃는 경우도 있다. 축구는

22명의 선수가 하지만, 어떻게 보면 두 나라의 국민들이 (총, 칼, 미사일 없이) 싸우는 것 같은 느낌을 주기 때문이다.

　'월드컵 태동 100년'을 맞아 그동안 우리를 울고 웃긴 '월드컵 축구 100가지 영광과 좌절의 순간들'을 알아본다.

Table of contents
목차

제1장
한국 축구와 월드컵 축구

제2장
월드컵 축구 100년

제3장
월드컵 축구와 골

제4장
월드컵, 그 영광과 좌절의 순간들

제5장
월드컵의 이면(裏面)

제6장
월드컵 각국 축구 대표팀의 특이한 별명

제7장
2026 북중미 월드컵 축구대회

제8장
FIFA U-20 월드컵 축구

제9장
여자 축구

제10장
추가 시간, 이것만은 알고 보자

제1장

한국 축구와 월드컵 축구

제1장

한국 축구와 월드컵 축구

1. 한국 축구와 월드컵 골

한국은 1954년 스위스 월드컵과 1986년 멕시코 월드컵 ~2022년 카타르 월드컵까지 10번 연속, 모두 11번 월드컵 본선에 진출했다.

월드컵 첫 골은 1986년 멕시코 월드컵 아르헨티나와의 A조 첫 경기에서 후반 28분 박창선 선수가 터트렸다. 그 후 2022 카타르 월드컵 브라질과의 16강전에서 백승호 선수가 중거리 슛을 성공시킨 골까지 39골을 넣었고, 그 경기에서 브라질에 4골을 허용한 것까지 포함해서 모두 82골을 잃었다.

한국이 넣은 39골 가운데 아직 PK골은 한 골도 없다.

2002년 한·일 월드컵에서 두 차례 기회가 있었지만, 이을용 (미국 전)과 안정환(이탈리아 전)이 차례로 실축했다.

한국은 월드컵 본선 38경기에서 39골을 넣었고 82골을 허용했다. 넣은 골은 경기당 1골을 약간 넘어섰으나 허용한 골은 경기당 2.15골이 되어 '되로 주고 말로 받고 있는 셈'이다.

안정환, 박지성, 손흥민이 3골씩을 기록해 공동 1위를 달리고 있다.

공격 포인트는 카타르 월드컵 포르투갈전에서 황희찬에게 도움 한 개를 기록, 3골 1도움을 기록하고 있는 손흥민이 최순호와 공동 1위에 올라있다. 최순호는 1986년 멕시코 월드컵 이탈리아전 골 등, 1골 3도움을 기록하고 있다.

2골을 넣은 선수는 고 유상철, 홍명보, 황선홍, 이정수, 이청용, 카타르 월드컵 가나전에서 헤더로만 2골을 넣은 조규성과 2018 러시아 월드컵 독일전과 카타르 월드컵 포르투갈전에서 골을 넣은 김영권 등 7명이다.

1골씩 넣은 선수는 박창선, 김종부, 최순호, 허정무, 황보관, 서정원, 하석주, 설기현, 이을용, 송종국, 이천수, 박주영, 이근호, 구자철, 황희찬과 카타르 월드컵 브라질전에서 중거리 슛을 성공시킨 백승호 등 17명이다.

박지성은 한국 축구의 월드컵 최연소 득점 기록도 가지고 있다.

2002년 한·일 월드컵 포르투갈전에서 21세 4개월의 나이로 골맛을 봤다. 최고령 골 기록은 2002년 한·일 월드컵 폴란드전 황선홍의 33세 11개월이었다.

한국 선수 가운데 하석주 선수는 유일하게 '가린샤 클럽(Garrincha Club)'에 가입되어 있다. 가린샤 클럽은 월드컵 본선에서 골을 넣은 뒤 파울로 퇴장당한 선수들이 가입된다.

1962년 칠레 월드컵에서 브라질의 가린샤가 칠레와 준결승전에서 2골을 넣은 후 칠레의 수비수를 걷어차서 퇴장을 당했다. 그로부터 월드컵에서 골을 넣은 후 퇴장을 당한 선수가 한 명도 나오지 않다가, 한국의 하석주 선수가 1998 프랑스 월드컵 멕시코와의 경기에서 프리킥으로 첫 골을 넣은 후 백태클로 퇴장을 당해 가린샤 클럽에 가입한 두 번째 선수가 되었다. 하석주의 퇴장으로 수적으로 불리해진 한국은 멕시코에 1대3으로 역전패를 당했다.

그 후 하석주는 차범근 감독을 피해 다니다가, 20년이 지난 2018년 7월 5일 SBS 시사교양프로그램 〈김어준의 블랙하우스〉에서 두 사람이 극적으로 만났다. 하석주는 차범근 감독을 보자마자 왈칵 눈물을 흘렸고, 차 감독은 하석주를 슬며시 안아주었다.

세네갈의 살리프 디아오로 선수가 세 번째 선수다. 살리프 디아오로는 2002년 한·일 월드컵 조별리그 덴마크전에서 후반 동

점골을 넣은 뒤 경고 누적으로 퇴장당해 가린샤 클럽의 세 번째 멤버가 되었다

4번째 멤버는 브라질의 호나우지뉴로 2002년 한·일 월드컵 8강 잉글랜드전, 후반 프리킥으로 역전골을 넣었으나 그 후 퇴장을 당해 클럽의 멤버가 되었다.

5번째 멤버는 프랑스의 지네딘 지단으로 2006년 독일 월드컵 결승전 이탈리아전에서 페널티킥으로 선제골을 넣었으나, 연장 후반 마르코 마테라치를 머리로 들이받아 퇴장당해 클럽의 멤버가 되었다.

2. 골 넣는 수비수 김영권, 홍명보

김영권이 현역 시절 한국의 베켄바워로 불렸었던 홍명보와 어깨를 나란히 했다. 수비수이면서도 월드컵 같은 큰 경기에서 의미 있는 골들을 넣고 있는 것이다.

홍명보는 1994년 미국 월드컵에서 중앙 수비수로 한국의 수비를 지휘하면서도 2골을 터트렸다.

스페인과의 조별리그 C조 예선 경기에서 0대2로 뒤지던 후반 40분 추격골을 터트렸다. 결국 '김호'호는 서정원의 동점골로 2대2 무승부를 이뤘다.

홍명보는 같은 미국 월드컵 독일과의 조별리그 C조 예선 최종전에서 1대3으로 뒤지던 후반 18분 중거리 슛으로 한 골을 따라붙게 했다.

당시 한국은 2022 카타르 월드컵 E조의 일본처럼 독일, 스페인(볼리비아)과 한 조에 속했었는데 2무 1패로 탈락했었다.

홍명보는 한국 선수 가운데 유일하게 2002 한·일 월드컵에서 개인상인 '브론즈볼'을 수상했다.

김영권도 한국 축구의 중앙 수비수로 2018 러시아 월드컵 조별 예선 F조 최종전 독일과의 경기에서 후반전 추가 시간에 값진 결승골을 터트렸다. 한국은 손흥민 선수의 추가골로 독일을 2대 0으로 완파했었다.

　김영권은 2022 카타르 월드컵 포르투갈과의 H조 조별 예선 최종전, 0대1로 뒤지던 전반 27분 천금같은 동점골을 넣었다. 벤투호는 황희찬의 결승골로 포르투갈을 2대1로 물리치고 16강에 진출했다.

　김영권은 전문 수비수로서 이제 한 골만 더 넣으면 손흥민, 박지성, 안정환과 함께 월드컵 본선 최다골 타이기록을 세우게 된다.

3. 한국 월드컵 첫 경기, 11골 넣고 22골 허용

한국은 2022 카타르 월드컵 우루과이와의 H조 조별 예선 첫 경기에서 0대0으로 비겨, '역대 월드컵 본선 첫 경기'에서 11전 3승 3무 5패를 기록하고 있다.

모두 11골을 넣어 경기당 1골을 기록했고, 두 배인 22골(경기당 2골)을 허용했다.

그러나 1954년 스위스 월드컵 개막전인 헝가리(0대9 패)전을 제외하면 10경기에서 단 13골만을 허용했다.

1954년 스위스 월드컵 첫 경기에서 헝가리에 0대9로 대패를 당했고, 그 후 월드컵 본선에 오르지 못하다가 32년 만인 1986년 멕시코 월드컵 A조 예선 첫 경기에서 아르헨티나에게 1대3으로 졌는데, 발다노에게 2골을 얻어맞았지만 박창선이 최순호의 어시스트를 받아 한국의 월드컵 본선 첫 골을 터트렸다.

한국은 1990년 이탈리아 월드컵 E조 예선 1차전에서 벨기에에게 0대2로 패해 본선 첫 경기 3연패를 당했다.

1994년 미국 월드컵 C조 첫 경기에서 홍명보, 서정원의 릴레이 골로 스페인과 2대2로 비겨서 월드컵 첫 경기 첫 승점을 따냈다.

1998 프랑스 월드컵 E조 첫 경기에서 멕시코에 1대3으로 패했다. 하석주 선수가 선제골을 넣은 후 백태클로 퇴장을 당해 10명이 싸우는 수적인 열세 속에 1대3으로 패했다. 하석주의 가린샤 클럽(골을 넣은 후 퇴장을 당한 선수들) 가입은 한국 축구로서는 불행이었다.

2002 한·일 월드컵 D조 예선 첫 경기에서 한국은 폴란드를 2대0으로 이겨, 월드컵 본선 첫 승을 올렸다. 2006 독일 월드컵 G조 첫 경기에서 토고를 2대1로 제압했고, 2010 남아공 월드컵 B조 첫 경기에서 그리스를 2대0으로 완파해 '월드컵 첫 경기 3연승'을 이뤄냈다.

2014 브라질 월드컵 H조 예선 첫 경기에서 러시아와 1대1로 비기면서 첫 경기 연승행진이 끝났고, 2018 러시아 월드컵 F조 예선 첫 경기에서 스웨덴에 0대1로 패했고, 2022 카타르 월드컵 H조 첫 경기에서 우루과이와 0대0으로 비겼다.

한국은 조별 예선 첫 경기에서 3연승을 올리는 동안 좋은 성적을 올렸었다.

2002 한·일 월드컵 예선 첫 경기 폴란드전 완승 이후 4강까지 치고 올라갔고, 2006 독일 월드컵 예선 첫 경기에서 토고에 2대1로 이긴 여세를 몰아 2차전에서 강호 프랑스와 1대1로 비겼다. 마지막 스위스와의 경기에서 오프사이드 논란만 없었다면

예선을 통과할 가능성도 있었다. 그리고 2010 남아공 월드컵 예선 첫 경기에서 그리스를 제압하면서 '원정 월드컵 첫 16강 진출'의 성과를 이뤄냈다.

이제까지의 월드컵 본선 성적을 보면, 상대 팀이 강팀이건 약팀이건 예선 첫 경기에서 승리하면 16강 이상의 성적을 올릴 가능성이 높았다.

4. 월드컵 본선, 한국과 독일 축구의 악연

한국과 독일 축구는 월드컵 본선에서 세 번 만나 독일이 두 번 한국이 한 번 상대팀을 조별리그에서 탈락시킨 악연을 갖고 있다.

1994 미국 월드컵은 섭씨 40도를 오르내리는 무더위 속에 진행되었다.

한국과 독일이 C조 예선 마지막 경기에서 맞붙었었던 6월 27일 코튼 볼 스타디움(63,998명)은 섭씨 40도를 훨씬 웃도는 아열대 열기 속에 벌어졌다.

독일은 경기 시작 11분 만에 에이스 위르겐 클린스만이 절묘한 개인기로 첫 골을 터트렸다. 헤슬러가 클린스만에게 키 패스를 했고, 볼을 받은 클린스만은 골대를 등진 자세에서 오른발 인사이드로 제기 차듯 오른쪽 어깨너머로 공을 넘긴 후 돌아서면서 왼발 슛을 날려 최인영 골키퍼를 꼼짝 못 하게 했다.

전반 18분에 부흐발트의 어시스트를 리에들리가 추가골로 연결했고, 35분에는 리에들리의 키 패스를 클린스만이 어설프게 발을 갖다 댔으나 최인영 골키퍼가 놓치면서 3번째 골을 허용했다.(전반전이 끝나면서 김호 감독은 최인영 골키퍼를 이운재 골키퍼로 바꿨다.)

후반 들어 독일 선수들이 섭씨 40도를 오르내리는 무더운 날

씨에 지쳤는지 거의 뛰지를 못했다.

한국 선수들은 무더위에 대비한 훈련을 했었기 때문에 후반전에도 힘이 남아도는 것 같았다. 후반 7분, 박정배의 어시스트를 받은 황선홍이 독일 골키퍼 일크너의 키를 살짝 넘긴 슛으로 한 골을 만회했다.

후반 18분에 수비수 홍명보의 30여 미터 중거리 슛이 터져 이제 스코어는 앞뒷집(2대3)이 되었다.

경기는 20여 분이나 남았지만 독일 선수들은 지쳐서 뛰지를 못했고, 한국 선수들의 파상공세가 이어지고 있었다.

독일은 마테우스를 뮐러로 교체하고, 잠머를 스위퍼로 끌어내리며 한국의 강력한 공격을 막기에 급급했다. 그러나 한국은 황선홍과 최영일이 잇따라 동점 찬스를 놓치면서 아깝게 2대3으로 패해 탈락하고 말았다.

이 경기가 시작되기 전 C조에서는 독일과 스페인이 1승 1무, 한국과 볼리비아가 1무 1패를 기록하고 있었다.

마지막 경기에서 스페인이 볼리비아를 꺾을 가능성이 높았기 때문에 한국은 독일을 반드시 이겨야 16강전에 오를 수 있었다.

한국과 독일의 악연은 2002 한·일 월드컵에서도 이어졌다.

당시 한국은 개최국이었지만 대진운이 그다지 좋지 않았다. 예선에서 유럽의 폴란드, 북중미의 강호 미국, 그리고 유럽의 포르투갈과 싸워야 했고, 이어서 16강전에서 우승후보 이탈리아, 8강전에서 스페인 등 유럽의 강호를 잇따라 만난 후 독일과 준결승전을 치러야 했다. 지칠 대로 지친 한국은 독일의 파상공세를 후반 30분까지 무실점으로 버티다가 미하엘 발락에게 결승골을 허용, 0대1로 패해 결승전 진출에 실패했다.

2018 러시아 월드컵 F조 예선에서 전 대회 우승팀 독일은 멕시코와 첫 경기에서 패하고 스웨덴을 2대1로 이겨 1승 1패, 한국은 스웨덴 멕시코에 2연패를 당한 가운데 조별 예선 마지막 경기에서 만났다.

독일은 한국과 마지막 경기에서 이기면 2승의 멕시코, 1승 1패의 스웨덴과 골 득실차로 16강행을 바라볼 수 있었다.

한국은 독일의 파상공세에 두 줄 수비로 맞서 수차례 위기를 넘기면서도 실점을 하지 않았다. 독일은 한국에게 반드시 이겨야 하기 때문에 심리적으로 쫓기는 입장이었다.

독일은 후반전에 마리오 고메스, 토마스 뮐러 등 공격수들을 투입하면서 골을 노렸지만 끝내 0대0 무승부로 경기를 마쳐 연장전에 돌입했다.

연장 전반 1분경 수비수 김영권이 독일 골문 앞에서 노마크 찬스를 맞아 결승골을 터트렸다.

후반 추가 시간이 6분이나 남아, 독일 선수들은 파상적인 공격을 했고, 한국 진영 페널티 에어리어 부근에서 골문을 비우고 공격수로 변신한 마누엘 노이어 골키퍼의 공을 주세종이 빼앗아 독일 골문으로 길게 찼다. 손흥민은 독일의 수비수 니클라스 쥘레를 스피드로 제치고 두 번째 골을 성공시켜 한국이 독일을 2대0으로 제압하며 '카잔의 기적'을 이뤄냈다.

손흥민은 후에 그 골은 '독일에서 선수 생활을 할 때 인종차별을 당한 것을 한꺼번에 설욕하는 기분이었다'고 표현했다.

한국은 멕시코가 스웨덴을 꺾을 경우 스웨덴과 골 득실에 앞서 16강에 오를 수 있었지만, 스웨덴이 멕시코를 3대0으로 완파하는 바람에 멕시코와 스웨덴(2승 1패)이 독일과 한국(이상 1승 2패)을 탈락시키고 16강에 올랐다.

결과적으로 한국이 독일에 이겨 두 팀 모두 탈락했다. 한국이 멕시코와 스웨덴을 위한 '논개' 역할을 한 셈이다.

한국 축구는 2023 FIFA 호주·뉴질랜드 여자월드컵에서 독일을 또 한번 침몰시켰다.

H조 경기에서 한국은 콜롬비아(0대2), 모로코(0대1)에 패했고, 독일은 잠비아를 6대0으로 대파했지만 콜롬비아에게 1대2로 패해 한국과의 마지막 경기에서 이겨야 16강이 가능했다.

그러나 독일은 한국의 거센 반격에 휘말려 1대1 무승부를 기록, 여자월드컵 출전 9번 만에 처음으로 16강 진출에 실패했다.

이제 한국과 독일 축구는 '남녀 월드컵 본선'에서 4전 2승 2패 동률이 되었다. 두 나라는 언제 또다시 만나 어떤 결과를 만들어 낼까?

5. 독일과 한국은 '해트트릭 공동 1위'

프랑스의 킬리안 음바페는 2022년 12월 18일(현지시각) 카타르 루사일의 루사일 스타디움에서 있었던 2022 카타르 월드컵 결승전 아르헨티나와 경기에서 후반 추가골(페널티킥)과 동점골을 연달아 터뜨렸다.

그는 메시의 골로 2대3으로 뒤진 연장 후반전에서 또다시 동점골(페널티킥)을 넣었다. 비록 페널티킥이 두 개나 포함되어 있지만, 1966 잉글랜드 월드컵 때 제프 허스트(잉글랜드)에 이은 월드컵 역사상 두 번째 결승전 해트트릭이었다.

그에 앞서 카타르 월드컵에서 포르투갈의 곤살루 하무스가 스위스와의 16강전에서 해트트릭을 기록, 팀의 6대1 대승을 이끌었다.

월드컵에서 해트트릭을 두 번 기록한 선수는 4명뿐이었다.

헝가리의 콕시스가 1954년 스위스 월드컵 한국전(9대0)과 서독전(8대3)에서 두 번 해트트릭을 기록했다.

프랑스의 쥐스트 퐁텐은 1958년 스웨덴 월드컵 조별 예선 파라과이전 해트트릭(7대3), 서독과의 3위 결정전에서 4골(6대3)을 터뜨렸다.

1970년 멕시코 월드컵에서 서독의 게르트 뮐러는 4조 예선 경기에서 해트트릭을 기록했었는데, 1970년 6월 7일 불가리아(5대 2)전에 이어 사흘 뒤인 6월 10일 페루(3대1)와의 경기에서 해트트릭을 기록했다.

아르헨티나의 바티스투타는 1994년 미국 월드컵 그리스전에서 해트트릭을 기록했고, 그 다음 대회인 1998년 프랑스 월드컵 자메이카전에서 또다시 해트트릭을 기록해 두 대회 연속 해트트릭이라는 '불멸의 기록'을 세웠다.

1930년 1회 우루과이 월드컵부터 2022년 22회 카타르 월드컵까지 22번의 대회를 치르는 동안 50명의 선수가 54번의 해트트릭을 기록했다. 한 대회에 2.45번의 해트트릭이 나오고 있는 셈이다.

역대 월드컵 54번의 해트트릭 가운데 독일이 무려 20퍼센트에 가까운 10번의 해트트릭에 관여를 했다.

독일은 6번의 해트트릭을 기록했고, 4번의 해트트릭을 당해 모두 10번의 해트트릭에 관여해 '최다 해트트릭 국가'로 기록되어 있다.

또한 한국은 독일과 똑같이 4번의 해트트릭을 당해 '피 해트트릭' 공동 1위 국가로 기록되어 있다.

한국은 1954년 스위스 월드컵 2조 예선 헝가리와의 경기에서 헝가리의 콕시스 선수에게 해트트릭을 허용하는 등 0대9로 대패를 당했고, 터키와의 경기에서도 브라한 선수에게 해트트릭을 허용하면서 0대7로 졌다.

한국은 1990년 이탈리아 월드컵 조별 예선 2차전에서 스페인을 만나 1대3으로 완패했다. 3골 모두 스페인의 미첼이 터트려 한국은 세 번째 해트트릭을 허용했다.

2010 남아공 월드컵 조별 예선 2차전 아르헨티나와의 경기에서는 리오넬 메시를 막으려다 이과인 선수에게 해트트릭을 허용하면서 1대4로 완패했다.

6. 한국, 브라질 등 역대 월드컵 우승팀들에게 15골 넣어

한국 축구는 1954, 1986~2022 등 2022 카타르 월드컵 브라질과의 16강전 경기까지 월드컵 본선에서 38전 7승 10무 21패를 기록하고 있다. 그동안 39골을 넣었고, 81골을 잃었다.

한국이 넣은 39골 가운데 38퍼센트인 15골이 역대 월드컵에서 한 번이라도 우승을 차지한 적이 있는 아르헨티나, 이탈리아, 스페인, 우루과이, 독일, 프랑스, 잉글랜드, 브라질 등 강팀들을 상대로 뽑은 것이었다.

1986년 멕시코 월드컵 A조 예선 아르헨티나와의 경기에서 먼저 3골을 내어준 후 후반 28분 박창선의 만회골이 나왔다. 그 골은 한국의 월드컵 본선 첫 번째 골이기도 했다.

이탈리아와의 조 예선 3차전에서는 2골이나 넣었다. 0대1로 끌려가던 후반 17분 최순호, 1대3으로 뒤져 있던 후반 43분 허정무의 만회골(2대3 패)이 터졌다.

1990년 이탈리아 월드컵 E조 예선 2차전에서 스페인에게 0대1로 뒤지던 전반 42분 황보관의 동점골이 터졌다. 그러나 스페인은 미첼 선수의 해트트릭으로 한국을 3대1로 제압했다.

1994 미국 월드컵에 C조 예선 스페인과의 경기에서 먼저 2골

을 허용한 후, 후반 40분 홍명보, 후반 45분 서정원 선수가 릴레이 골을 터트려 2대2로 비겼다. 서정원의 만회골은 한국이 월드컵 본선에서 터트린 가장 극적인 골이었다. 조 예선 마지막 경기에서는 독일에게 먼저 3골을 허용한 후 후반 7분 황선홍, 후반 18분 홍명보의 만회골이 나와 펠레 스코어인 2대3으로 패했다.

2002 한·일 월드컵 이탈리아와 16강전에서는 0대1로 끌려가던 후반 43분 설기현의 극적인 동점골이 나왔고, 연장 후반 12분 안정환의 백 헤더 골이 '골든'골이었다. 연장전에서 골이 나오면 바로 경기를 끝내는 '골든골' 제도는 그 후에 없어졌다.

2006 독일 월드컵 G조 프랑스와의 예선 경기에서는 0대1로 뒤지던 후반 36분 박지성의 동점골이 나와 1대1로 비겼다.

2010 남아공 월드컵 B조 예선 아르헨티나와의 경기에서는 0대2로 뒤지던 전반 추가 시간에 이청용의 만회골이 나왔지만 끝내 1대4로 대패했다.

2018 러시아 월드컵 F조 예선 마지막, 독일과의 경기에서는 후반 추가 시간 3분경, 김영권의 결승골에 이어, 6분에는 손흥민의 쐐기골이 터져 2대0으로 완승을 거뒀다.

카타르 월드컵에서는 브라질에게 0대4로 뒤지다가 백승호 선수의 벼락같은 중거리 슛으로 한 골을 만회했었다.

7. 한국, 남미 극복해야 월드컵 8강 이상 가능

한국 축구는 2022 카타르 월드컵에서 '두 번째 원정 월드컵 16강 달성'으로 절반의 성공을 거뒀다.

한국 축구는 2002 한·일 월드컵에서 4강에 올랐고, 2010 남아공 월드컵에서 처음으로 원정 월드컵 16강을 달성했다. 카타르 월드컵에서도 두 번째 '원정 월드컵 16강'에 올랐다.

그러나 '원정 월드컵 8강' 이상의 성적을 올리려면 남아메리카 팀을 극복해야 한다는 과제를 안게 되었다.

한국 축구는 월드컵 본선에서 남미 팀을 만나 한 번도 이기지 못하고 있다.

2022 카타르 월드컵 조별 에선 첫 경기에서 우루과이와 0대0으로 비겼고, 16강전에서 브라질에게 1대4로 완패를 당했다.

원정 월드컵 첫 16강에 올랐었던 2010 남아공 월드컵에서도 조 예선에서 아르헨티나에 1대4로 대패했었다. 1994년 미국 월드컵에서는 '남미 축구의 약체' 볼리비아에게도 이기지(0대0) 못하면서 월드컵 본선에서 남미 팀들과 7번 싸워 1무 6패(4득, 14실)를 기록하고 있다.

한국 축구가 남미 팀을 이기려면 일본 축구를 '타산지석'으로 삼아야 한다.

일본은 2018 러시아 월드컵에서 콜롬비아를 2대1로 꺾으면서 남미 축구에 대한 두려움을 지워버렸다.

일본 축구는 1992년 프로 축구를 출범시키면서 '백년지대계(百年之大計)'를 세웠다.

초등학교 축구부터 각 나이 별로 기초를 탄탄히 다지고, 4:4:2 포메이션에 적합한 인재들을 체계적으로 키워오고 있다.

일본 축구는 이제 기술 축구를 바탕으로 하는 빠른 스피드로 남미 축구에게도 대등하게 싸울 수 있게 되었고, 작은 피지컬을 스피드와 탄탄한 조직력, 정확한 패스워크로 극복해 아시아 최강은 물론 독일, 스페인, 프랑스, 네덜란드 등 유럽의 정상권 팀과 맞대결해도 조금도 두려움을 갖지 않게 되었다. 카타르 월드컵 조별 예선에서 독일과 스페인을 꺾은 것은 결코 우연이 아니다.

8. 손흥민은 월드클래스

1992년생인 손흥민은 2026 북중미 월드컵 때 34살이 돼서 최고의 전성기를 누릴 것 같다.

손흥민 이후 바이에른 뮌헨의 중앙 수비수 김민재, 파리 생제르맹의 미드필더 이강인, 울버햄튼의 황희찬 등 유럽 축구에서도 정상권에 올라있는 후배 선수들이 많이 나오고 있지만 북중미 월드컵 때까지는 손흥민이 한국 축구의 중심일 가능성이 높다.

손흥민은 2014년 브라질 월드컵, 2018년 러시아 월드컵, 2022 카타르 월드컵에 이어 만약에 북중미 월드컵에 출전하면 4번째 월드컵이자 마지막 월드컵이 될 가능성이 높다.

손흥민은 2018 자카르타·팔렘방 아시안게임에서 금메달을 땄다.

2018~2019 UEFA 유럽 축구 챔피언스리그 준우승(토트넘)을 이끌기도 했다. 2022~2023 시즌 프리미어리그 공동 득점왕(23골, 리버풀의 모하메드 살라)을 차지했다.

2023~2024 시즌은 토트넘의 주장 완장을 차고 팀을 이끌고 있다.

지난 2019년 12월 7일 있었던 번리와의 경기에서는 70여 미터

드리블을 하면서 6명을 제친 끝에 골을 성공시켜서 '더 베스트 FIFA 어워드 2020'에서 푸스카스상을 받기도 했다.

'손흥민 존'도 이미 잘 알려져 있다.

2022년 5월 1일 영국 런던 토토넘 홋스퍼 스타디움에서 벌어진 2021~2022 시즌 잉글랜드 프리미어리그(EPL) 35라운드 레스터 시티와의 홈경기에서 멋진 골을 터트렸다.

후반 34분, 레스터 시티 페널티 에어리어 오른쪽 45도 지점에서 환상적인 왼발 감아 차기 슈팅을 성공시켰다. 축구 통계업체 '인더스탯'은 슈팅 거리와 각도 등 갖가지 자료를 빅데이터로 분석한 결과 손흥민의 슛이 성공할 확률이 2퍼센트 밖에 안 되었는데, 성공시켰다고 발표했었다.

손흥민은 분데스리가 시절부터 상대팀 양쪽 '페널티 아크 45도 지점'에서 곧잘 골을 터트려 '손흥민 존'으로 불리고 있다. 대부분의 유럽 선수들과는 달리 양발을 모두 쓰기 때문에 가능했다.

손흥민은 무회전 킥을 선보이기도 했다.

2022년 3월 24일 서울 상암동 월드컵 경기장에서 벌어진 2022 카타르 월드컵 아시아 지역 최종예선 9차전 한국 대 이란 전, 전반전이 끝날 무렵 손흥민 선수가 18미터 지점에서 중거리 슈팅을 날렸는데, 공이 골키퍼의 손을 맞고 골대 안으로 굴러 들어갔다. 무회전 킥이었기 때문에 골키퍼가 막기 어려웠던 것이다.

당시 손흥민은 이란 선수 4명에게 둘러싸여 있었는데, 오른발로 공의 한가운데 약간 밑 부분을 강하게 찼다. 공은 회전을 하지 않으며 날아갔고, 이란의 아미르 아베드 자데 골키퍼는 공이 심하게 아래위로 흔들리면서 날아왔기 때문에 막기 어려웠던 것이다.

손흥민은 한 경기 4골을 넣기도 했다.

2020년 9월 20일 사우샘프턴과 원정 경기에서 양발을 모두 쓰는 선수라는 것을 확인이라도 하려는 듯, 오른발, 왼발, 오른발, 왼발 돌아가면서 골을 성공시켜 한 경기 4골의 대기록을 세웠다.

손흥민은 2023년 10월 1일 영국 런던 토트넘 스타디움에서 벌어진 리버풀과의 2023~2024 EPL 리그 홈경기에서 전반 36분경 첫 골을 넣었다. 그 골은 2010~2011시즌 독일 분데스리가 함부르크 시절부터 그때까지 유럽리그 14시즌 동안 개인 통산 200골(함부르크 20골, 레버쿠젠 29골, 토트넘 151골)의 대기록이었다.

9. 한국 월드컵 감독 열전

경기도 포천의 광릉 추모공원에 있는 고 김용식(1910~1985)의 묘비에는 '한 사람이 진실로 최선을 다한다면 얼마나 높은 경지에 오를 수 있는가를 당신은 몸소 뚜렷이 보여 주었습니다'라고 쓰여있다.

김용식은 1954년 스위스 월드컵 한국 축구 대표팀 감독이다. 1차전에서 헝가리에 0대9로 참패를 당했지만, 2차전 튀르키에와의 경기에서는 2진 선수들을 대거 기용해 0대7로 졌다.

김 감독의 지론은 "축구 후진국인 한국 선수들이 세계 정상 축구를 몸소 경험해 봐야 한다"는 것이었다. 그래서 튀르키에전 대패를 감수하면서 2진급 선수들을 기용했다.

김 감독은 1936년 베를린 올림픽에 일장기를 달고 출전했었다. 그래서 2005년에는 한국, 2016년에는 일본 '축구 명예의 전당'에 모두 들어가 있다.

1960년 한국에서 벌어진 2회 아시안컵에서 한국이 우승을 차지할 때 감독을 맡았었고, 1983년 한국의 첫 프로 축구팀인 할렐루야 팀의 감독을 지내기도 했다.

1935년, 전 조선 빙상 선수권대회 3관왕, 그해 중국 봉천에서 벌어진 전 만주 빙상 선수권대회 2관왕을 할 정도로 스포츠에서 다재다능했었다.

40살에 현역에서 은퇴를 한 후 "1만 일 동안 매일 공 다루기를 하겠다"는 결심을 한 후 끝내 실천을 해내기도 했다.

김정남 감독은 1986년 멕시코 월드컵에서 한국 축구를 1954년 스위스 월드컵 이후 32년 만에 월드컵 본선으로 이끈 감독이다.

김 감독은 현역 시절 아시아 최고의 수비수로 활약을 했고, 멕시코 월드컵 아르헨티나와의 첫 경기에서 전반전에 두 골을 내주자 라커룸에서 "두 골 차로 지나 세 골 차로 패하나 마찬가지야, 이판사판이라고"라며 선수들에게 힘을 불어 넣어 결국 박창선의 '한국의 월드컵 최초의 골'을 유도해 냈다.

아르헨티나에 1대3으로 패했고, 2차전 불가리아와 무승부(1대1), 마지막 3차전 이탈리아와의 경기에서 최순호 허정무의 골에도 불구하고 2대3으로 패했다. 막판에 지친 이탈리아 선수들을 몰아붙였는데, 10여 분만 더 있었으면 3대3으로 비길 수도 있는 경기였다.

1986년 멕시코 월드컵 감독이 아시아 최고의 수비수 출신 김정남 감독이 맡은 반면, 1990년 이탈리아 월드컵은 아시아 최고의 공격수 이회택 감독이 지휘봉을 잡았다.

당시 한국 대표팀은 수비수 홍명보, 공격수 최순호, 김주성,

미드필더 박경훈 등 막강한 멤버였지만, E조 예선에서 벨기에(0
대2), 스페인(1대3), 우루과이(0대1)에게 3연패를 당해 탈락했다.
스페인전에서 황보관이 그 유명한 대포알 슈팅(시속 114km)을
성공 시켰고, 미첼에게 해트트릭을 얻어맞았다.

이회택 감독은 "일주일이면 시차 적응을 할 줄 알았는데, 실패
했고, 당시에는 (이탈리아에)더 일찍 (들어갈)갈 예산도 없었다"라
고 술회했다.

1994년 미국 월드컵의 김호 감독은 김정남 감독과 더불어 한
국 축구의 후방을 책임졌었던 '명 수비수' 출신이다.

김 감독은 미국 월드컵이 고지대는 물론 무더위 속에 벌어질
것을 예상하고 철저하게 준비를 했다.

스페인과 첫 경기에서는 먼저 두 골을 내주고 후반 40분 이후
에 홍명보 서정원의 릴레이 골로 2대2로 비겼고, 볼리비아와 2
차전은 0대0 무승부, 독일과 마지막 경기에서는 전반전에 위르
겐 클린스만에게 2골을 내주는 등 0대3으로 밀렸다. 그러나 후
반전에 황선홍과 홍명보의 골로 2대3까지 따라잡은 후 체력이
떨어져서 걷다시피 하는 독일을 몰아붙였지만 아쉽게도 더 이
상 골을 넣지 못하고 2대3으로 패했다.

1998 프랑스 월드컵의 차범근 감독은 현역 시절 독일 분데스
리가에서도 스타로 떠오른 한국 축구의 전설이었다.

그러나 첫 경기인 멕시코전에서는 하석주의 선제골로 1대0으로 앞서갔지만 하석주가 백태클로 퇴장을 당해 10명이 싸우는 바람에 1대3으로 역전패를 당했다.

　당시 거스 히딩크 감독이 이끌던 네덜란드와 2차전에서는 전반 37분까지는 잘 버텼지만 그 후 5골이나 내주고 무너졌다.

　대한축구협회는 한국이 2연패로 이미 탈락이 확정되었는데도, 굳이 차범근 감독을 경질하고 김평석 수석코치를 임시 감독으로 내세워, 3차전은 벨기에와 1대1로 비겼다.

　차범근 감독은 "일단 감독을 정했으면 전폭적으로 밀어 주어야 하는데, (그렇지 못해)아쉽다"고 말했다.

　2002 한·일 월드컵에서는 대한축구협회뿐만 아니라 대한민국 정부 차원에서 밀어준 거스 히딩크 감독이 한국 축구 대표팀을 4강까지 이끌었다.

　거스 히딩크 감독은 한국 축구 대표 선수들의 가장 큰 문제로 '체력'을 꼽았다. 당시 한국 축구는 유럽이나 남미 선수들에 비해 '기본기와 기술'이 뒤진다고 봤었는데, 체력을 꼽은 것이다.

　히딩크는 "한국 선수들의 체력은 50점, 스피드는 80점, 기술은 85점, 정신력은 100점"으로 평가했다.

　히딩크 감독은 레이먼드 베르하이엔 체력담당 코치에게 '체력 지옥훈련 5단계'를 실시하도록 지시했다.

히딩크의 지옥 체력훈련 결과 한국은 2002 한·일 월드컵에서 전반전보다는 후반전에 더 많이 뛸 수 있었고, 16강(이탈리아), 8강(스페인)전은 물론 독일과의 준결승전에서도 상대 팀들에게 체력은 조금도 뒤지지 않았다.

2006 독일 월드컵 한국 축구 대표팀은 네덜란드 출신의 딕 아드보카트 감독이 맡았다.

아드보카트 감독은 "축구는 팀 스포츠다. 또한 선발로 나서는 선수들은 항상 그 자리를 누군가 노리고 있다는 점을 염두에 두고 최선을 다해야 한다"고 말했다.

독일 월드컵 대표에는 안정환, 박지성, 이영표, 이운재, 김남일 등 2002 한·일 월드컵 멤버들이 절반을 채웠다.

한국은 토고와 예선 1차전에서 2대1로 역전승을 거둬, 원정 월드컵 첫 승점 3점을 땄고, 2차전에서 박지성의 골로 프랑스와 1대1 무승부, 그리고 마지막 스위스와의 3차전에서는 우세한 경기를 벌이고도 0대2로 패해 탈락했다.

2010 남아공 월드컵은 차범근과 같은 시기에 네덜란드 해외파로 활약했던 허정무 감독이 맡았다.

허 감독은 라이언 킹 이동국(전북)을 처음으로 발탁했고, 박지성(맨유), 박주영(AS 모나코), 기성용(셀틱), 이영표(알힐랄), 차두리(프라이부르크), 이정수(가시마), 김보경(오이타), 김남일(FC 톰 톰스크),

안정환(다렌 스더) 등 처음으로 해외파들이 절반 가까이 점령했다. 이운재 골키퍼가 여전히 한국 대표팀의 골문을 지켰다.

이 대회는 북한(3전 전패 탈락)이 1966년 영국 월드컵 이후 두 번째로 월드컵 본선에 올라 더욱 관심을 모았었다.

한국은 B조 1차전에서 그리스를 2대0으로 제압했고, 2차전 아르헨티나전에서 박주영의 자책골과 곤살로 이과인의 해트트릭 등으로 1대4로 패했다. 16강이 걸린 마지막 3차전에서 나이지리아와 2대2로 비겨 1승 1무 1패 승점 4점, 아르헨티나에 이어 조 2위로 16강에 진출했다.

한국은 우루과이와의 16강전에서 1대2로 패해 8강 진출에 실패했다.

2014 브라질 월드컵은 최강희(전북 현대) 감독이 "나는 브라질 월드컵 예선까지만 맡겠다"고 공언한 후 실제로 한국을 브라질 월드컵 본선까지 진출시킨 후 사퇴를 해서 홍명보 감독이 맡게 되었다.

홍명보 감독은 2012 런던 월드컵에서 한국 축구 사상 최초로 동메달을 땄기 때문에 순조롭게 2년 후에 치러지는 브라질 월드컵 감독이 되었다.

그러나 23세 이하 선수들이 출전하는 올림픽 축구와 모든 나라의 축구 국가대표 선수들이 총출동하는 월드컵은 질적으로 차이가 나는 대회였다.

한국은 H조 첫 경기에서 러시아와 1대1로 비겼고, 대회 전부터 한국 대표팀에게 승점 3점을 헌납할 것으로 예상했었던 알제리에 전반에만 내리 3골을 내주어 2대4로 완패했다. 알제리의 할리호지치 감독의 (기습)공격 축구에 홍명보 감독이 당한 경기였다.

한국은 벨기에와 마지막 3차전에서도 0대1로 패해 탈락했다.

대회가 끝난 후 홍명보 감독이 "우리 선수들 좋은 경험을 했다"고 말하자 당시 KBS 축구 해설 위원이었던 이영표 위원이 "월드컵은 증명을 해야지, 경험하는 무대가 아니다"고 꼬집기도 했다.

2018 러시아 월드컵은 선수 시절 월드컵 무대 경험이 없었던 '축구계의 야인' 신태용 감독이 맡았다.

신 감독은 "한국 축구는 월드컵 때만 되면 모든 국민이 감독이 된다. 평소에도 축구장에 많이 찾아와 주었으면 좋겠다"며 바른 말을 하곤 한다.

한국은 F조 첫 경기에서 스웨덴에 0대1, 2차전에서 멕시코에 1대2로 패해 마지막 독일과의 3차전은 과연 몇 골 차이로 지느냐만 관심을 모았었다.

그러나 독일전에서 후반 추가 시간에 터진 김영광, 손흥민의 릴레이 골로 2대0으로 이겨 한국 월드컵 역사의 가장 빛나는 승리를 챙겼다.

　그러나 한국과 독일은 1승 2패로 함께 탈락했다.

　2022 카타르 월드컵은 '빌드업 축구를 신앙처럼' 여기는 포르투갈 출신의 파울루 벤투 감독이 이끌었다.

　한국은 H조 예선 1차전에서 우루과이와 0대0 무승부, 2차전(가나전)에서 조규성이 헤더로만 두 골을 넣고도 2대3으로 패했다. 이제 벤투 감독의 고국 포르투갈과 3차전을 남겼는데, 경기 시작하자마자 5분이 채 되지 않아 히카르두 오르타에게 한 골을 허용, 0대1로 뒤졌다. 한국은 전반 27분 김영권의 동점골, 후반 추가 시간에 손흥민의 장거리 어시스트를 황희찬이 받아서 결승골을 터트려 극적으로 16강에 올랐다.

　한국은 브라질과의 16강전에서는 1대4로 대패를 당했다.

10. 한국 축구의 영웅, 거스 히딩크

네덜란드의 거스 히딩크 감독은 한국에서 가장 성공한 외국인이다.

차관급인 한국관광공사 사장 독일 출신의 이참 씨가 외국인으로서의 지위는 가장 높았었지만, 한국 사회에 끼친 영향력 등은 아직까지 거스 히딩크를 따라갈 외국인이 없다.

히딩크는 2002 한·일 월드컵에서 변방의 한국 축구를 '월드컵 4강'에 올려놓은 업적과 그 과정 그리고 이후의 행보는 가히 '축구 영웅 대접'을 받을 만하다.

거스 히딩크의 한국 축구(한국 사회)에 대한 영향력은 지금도 유효하고, 아마 한국에 축구가 있는 한 오랫동안 지속될 것으로 보인다.

2010 남아공 월드컵이 한창 벌어지고 있을 때, 축구 동호인 게시판에 "2010년 6월 18일 네덜란드의 축구잡지 「풋볼 인터내셔널」이 거스 히딩크 감독을 인터뷰했다"라며 번역된 글이 올라서 한창 화제가 되었었다.

그 글을 쓴 네티즌은 거스 히딩크가 "이제 B조(한국, 그리스, 나이지리아, 아르헨티나)에서 한국의 16강 진출이 가장 어렵게 되었다.

한국은 (1대4로 패한)아르헨티나에 맞서 축구가 아닌 야구를 했다. 한국의 코치진이 아르헨티나가 (월드컵)남미 예선에서 페루 등에게 패한 경기를 (비디오로)봤는지 의심스럽다. 그리스전에서 이긴(2대0) 이후 코치들이 선수들에게 무슨 짓을 한 것인가?"라고 했다는 것이다.

한 네티즌이 올린, 이 같은 자극적인 기사는 주요 신문과 방송을 타면서 엄청난 화재를 몰고 왔다.

국제 축구계에서도 대표적 친한파인 히딩크가 한국 축구에 대해 거의 메가톤급 비난을 퍼부었기 때문이었다.

그러나 국내의 모 주간지가 네덜란드의 「풋볼 인터내셔널」을 취재하면서 조작된 기사라는 것이 밝혀졌다.

모 주간지에 의하면, 네덜란드에는 축구전문 월간지 「풋발 인터내셔널」은 있지만 「풋볼 인터내셔널」은 없다는 것이다. 물론 「풋발 인터내셔널」 온라인 판에도 거스 히딩크 관련 기사는 없었다.

2010 남아공 월드컵이 끝난 후, 한국을 사상 처음 원정 16강까지 올려놓은 허정무 감독도 월간지 「신동아」와의 인터뷰 때문에 곤욕을 치러야 했다.

허 감독은 「신동아」와의 인터뷰에서 "그동안 외국인 감독들이 세대교체에 신경을 쓰지 않아서 한국 축구를 망쳤다"라는 내용의 말을 했다.

거스 히딩크 감독뿐만 아니라 그동안 한국 축구 대표팀을 맡았었던 외국인 축구 감독을 모두 싸잡아 비난을 한 것이지만, 이번에도 거스 히딩크 감독의 팬들이 가만있지 않았다.

'한국 축구를 월드컵 4강까지 올려놓은 감독에게 너무했다.'

'허 감독 말이 좀 지나쳤다.'

결국 허정무 감독은 "외국인 감독에 대해 정확하고 냉정한 평가를 해야 한다는 내용이 와전되었다"라며 해명을 함으로써 일단락되었다.

두 번의 사례에서 알 수 있듯이 히딩크 감독이 비록 몸은 한국에 있지 않더라도, 그가 한국 축구에서 차지하는 비중은 여전하다는 것을 잘 나타내 주고 있다.

이미 잘 알려진 것처럼 히딩크가 2002 한·일 월드컵에서 국제축구계에서 변방에 있는 한국 축구를 월드컵 4강까지 올려놓기까지의 과정은 가히 축구 예언자급 수준의 예지력이 발휘되었었다.

2002년 한·일 월드컵을 6개월여 앞두고, 2001년 12월 1일 부산 컨벤션 센터에서 월드컵 조 예선 추첨이 있었다.

한국은 강호 포르투갈, 폴란드 그리고 미국과 함께 D조에 편성 되었다.

당시 국내외 축구 전문가들은 대부분 '루이스 피구, 주앙 핀투,

베투 등 세계 정상급 선수들이 즐비하고, FIFA 랭킹 5위인 포르투갈은 D조 1위는 말할 것도 없는 우승후보이고, 폴란드가 포르투갈을 괴롭히며 마지막 한 장 남은 16강 행 티켓을 가져갈 것이다 한국은 기적이 일어나면 2위 그렇지 않으면 미국과 탈꼴찌 다툼을 할 것이다'라고 전망을 하고 있었다.

그러나 거스 히딩크 감독은 "미국이 약하다고 하지만 결코 그렇지 않다. 그리고 폴란드 축구가 낯설고 유럽 팀 치고는 약하게 평가하고 있지만 그것도 사실이 아니다. 그러나 강팀으로 알려져 있는 포르투갈에 무조건 기죽을 필요가 없다"고 말했다.

그 말은 6개월여 후에 그대로 실현되었다.

한국은 포르투갈을 경기 내용면에서 압도한 끝에 1대0으로 잡았고, 세 팀 가운데 가장 만만하게 봤었던 미국에게는 선취골을 내주는 등 크게 고전을 한 끝에 겨우 1대1로 비겼기 때문이다.

포르투갈은 한국에게 0대1, 미국에게 2대3으로 잡히면서 예선에서 탈락해 스타일을 구겨야 했다.

히딩크는 2002년 5월 26일, 월드컵을 앞두고 98 프랑스컵 우승팀 강호 프랑스와 평가전을 가져 2대3으로 패한 후 네덜란드 「데 텔레그라프지」와 인터뷰에서 2002 한·일 월드컵 본선에 대해서 예상을 했다.

"우리(한국 팀)는 월드컵 16강이 문제가 아니라, 세계 축구계를 깜짝 놀라게 할 것이다. 지금 내가 큰소리치는 것 같지만 내 말이 실언(失言)이 아니라는 것은 (2002 한·일)월드컵이 끝난 후에 알게 될 것이다"라고 큰소리쳤다.

정말로 한국 축구는 16강이 아니라 4강에 오르면서 세계 축구계를 깜짝 놀라게 했다.

히딩크는 그밖에 월드컵 개막을 50일 앞두고는 "현재 한국 축구 대표팀의 16강 진출 가능성은 50퍼센트다. 그러나 하루에 1퍼센트씩 전력이 강해지면 월드컵이 열릴 때쯤 16강 가능성이 100퍼센트의 전력이 되어있을 것이다"라고 말했다.

히딩크의 말이 숫자놀음 같지만 어떻게 보면 앞으로 50일 동안의 훈련이 매우 중요한 것이라는 점을 일깨워 주는 중요한 말이었다.

이후 선수들도 점점 팀워크가 좋아지는 것을 느꼈고, 월드컵이 열리기 직전 한국 선수들의 컨디션과 조직력은 절정에 올라 있었다.

월드컵 본선에서, 포르투갈을 제압하고 16강이 확정되고 난 후에는 "1차 목표를 이뤘지만 나는 아직 배가 고프다"며 8강 진출에 대한 예상을 하면서, 선수들에게 엄청난 자신감을 심어주었다.

히딩크는 한국 축구에 '월드컵 4강'이라는 기적 같은 선물을 준 후 한국을 떠나면서 '굿바이' 대신 '소 롱(So long)'이라고 말하고 싶다면서 언젠가는 돌아오겠다고 말했는데, 정말 자신의 말처럼 매년 한국을 방문해 히딩크 재단에서 주최하는 시각장애인 축구전용구장을 만들어 주는 등 선행을 베풀고 있다.

2002 한·일 월드컵 이후 국제 축구계에서 히딩크의 주가는 하늘 높은 줄 모르고 올랐다.

각국의 유수 클럽들이 서로 히딩크를 영입하려 했고, 월드컵에서 좋은 성적을 올리려는 나라들도 히딩크에 목을 맸다.

히딩크는 국제 축구계에서 드물게 투 잡(클럽 팀과 국가대표팀을 동시에 맡는 것) 생활을 하기도 했다.

히딩크는 한국 축구 대표팀에 이어 호주 국가대표팀을 맡아서 2006 독일 월드컵에서 호주 축구 사상 최초로 16강에 올려놓았다.

독일 월드컵을 앞두고는 "호주 사람들은 호주가 월드컵 사상 처음으로 2라운드에 오르는 것을 보게 될 것이다"라고 자신 있게 말했고, 실제로 호주는 호주 축구 역사상 처음으로 16강에 올랐다.

호주 팀에 이어서 러시아 축구 대표팀을 맡아서는 러시아 축구를 2008 유럽 축구선수권대회에서 4강까지 진출시켰다.

그러나 히딩크의 러시아는 2010 남아공 월드컵 유럽 예선 4조에서 2위를 차지해 플레이오프에서 슬로베니아와 무승부를 기록했지만 원정경기 다득점 원칙에 의해 탈락하고 말았다.

11. 너무 일찍 우리 곁을 떠난 '월드컵 스타' 유상철과 정용환

2021년 6월 7일 한국 축구 사상 최고의 '멀티 플레이어'였었던 유상철 씨가 49세를 일기로 '췌장암'으로 사망했다.

유상철 씨는 한국에 축구가 도입된 이후 '가장 뛰어난 올라운드 플레이어'로 평가를 받았었다.

유상철 씨는 월드컵에서 2골을 기록했다.

1998 프랑스 월드컵 벨기에전에서 동점골을 터트렸고, 2002 한·일 월드컵에서는 조별 예선 1차전 폴란드전에서 황선홍에 이은 추가골을 넣어 한국이 2대0으로 이기는 데 결정적인 역할을 했었다.

유상철 씨는 선수 시절 일본 팀에 유난히 강해 '한일전의 사나이'로 불렸었다.

축구로 유명했었던 경신중·고등학교를 나와 건국대학교를 졸업했다. 왼쪽 눈이 거의 보이지 않는데도 불구하고 훈련과 노력으로 극복했고, 최전방 공격수, 미드필더뿐만 아니라 최후방 수비수까지 모두 소화해 내는 대표적인 '유틸리티 플레이어'였다.

1994년 울산 현대에서 프로선수 생활을 시작, 일본 프로 축구 요코하마 마리노스, 가시와 레이솔을 거쳐 2006년에 현대 팀에서 은퇴했다.

2017년 프로 축구 전남 드래곤즈 팀 감독을 맡았었고, 2019년 5월, 인천 유나이티드 팀 감독에 부임했지만, 그해 말 '췌장암 4기' 판정을 받아 시즌이 끝난 직후 사퇴를 했다.

프랑스 파리 생제르맹의 이강인과는 2007년 KBS 예능프로 〈날아라 슛돌이〉에서 스승과 제자로 인연을 맺었었다.

스승 유상철이 1998년 프랑스 월드컵 벨기에전에서 골을 넣은 파리 생제르맹의 파르크 데 프랭스 홈구장에서, 2023년 11월 4일 몽펠리에와의 경기에서 이강인이 '리그 1' 데뷔골을 터트려 화제가 되기도 했다.

1986 멕시코 월드컵, 1990 이탈리아 월드컵 등 두 번의 월드컵에 한국 월드컵 대표팀의 명 수비수로 활약했었던 정용환 선수가 2015년 6월 9일 55세를 일기로 '혈액 암'으로 사망했다.

고 정용환 씨는 사망 당시 부산시 축구협회 기술이사였다.

정용환 씨는 동래고등학교와 고려대학교를 졸업했고, 77번의 A매치(3골)를 치렀다.

정용환 씨는 1984년 프로 축구 대우 로열즈 팀에서 프로 선수 생활을 시작했고, 1998년 은퇴했다. 프로 축구 198경기에서 13개의 공격 포인트(9골 4도움)를 기록했다. 수비수로서 점프력이 좋고 몸싸움도 잘했다는 평가를 받았었다.

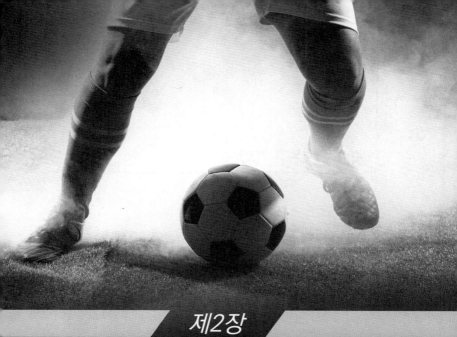

제2장

월드컵 축구 100년

제2장

월드컵 축구 100년

1. 줄리메컵과 월드컵 그리고 빅 이어

축구를 조금이라도 아는 사람이라면 '월드컵 축구대회 우승 팀'과 'UEFA 유럽 축구 챔피언스리그(UCL) 우승팀' 간의 맞대결 을 보고 싶을 것이다.

UCL 우승팀에게는 '빅 이어(Big Ear)'라고 불리는 우승컵이 수 여되고, 월드컵 우승팀에게는 1970년 멕시코 월드컵 때까지는 '줄리메컵'이 주어졌고, 지금은 'FIFA 월드컵'이 수여된다.

빅 이어는 큰 귀를 뜻한다. 트로피의 손잡이가 사람 귀를 연상 시킨다고 해서 붙여진 별명이다.

빅 이어와 줄리메컵의 공통점은 '다승'을 하거나 연패를 차지한 팀은 영구히 소유한다는 점이다.

빅 이어는 '통산 5회' 또는 '3연패'를 차지한 팀은 영구 보유할 수 있다.

스페인의 레알 마드리드와 FC 바르셀로나, 네덜란드 아약스, 독일의 바이에른 뮌헨, 이탈리아 AC 밀란, 잉글랜드 리버풀과 맨체스터 유나이티드 등 7팀이 '진품 빅 이어'를 보유하고 있다.

줄리메컵도 먼저 3회 우승을 차지한 국가에 영구 보유할 수 있도록 했는데, 브라질이 1958년 스웨덴 월드컵, 1962년 칠레 월드컵, 1970년 멕시코 월드컵에서 우승을 차지해 줄리메컵을 영구 보유하고 있다.

줄리메컵이 제작된 것은 1회 우루과이 월드컵이 열리기 2년 전인 1928년이었다.

FIFA는 월드컵 우승컵을 프랑스의 조각가 아벨 라플뢰르에게 맡겼다. 라플뢰르는 1.8kg의 순금을 가지고 받침대 위에 승리의 여신을 상징하는 날개 달린 여인이 팔각형의 용기를 양손으로 머리 위에 떠받치고 있는 우승 트로피를 만들었다.

줄리메컵은 처음에는 '월드컵'으로 불렸었다.

월드컵은 1938년 3회 프랑스 월드컵 이후, 2차 세계대전으로 새로운 주인을 맞이할 수 없었다. 2차 세계대전 말, 독일군이 이탈리아를 침공했을 당시 FIFA 부회장이었던 이탈리아의 바라시

박사는 3회 대회 우승을 차지해서 보관하고 있었던 월드컵을 구두박스 속에 숨겨서 나치로부터 월드컵을 보호했다.

2차 세계대전이 끝나고 월드컵이 재개되기 4년 전인 1946년, FIFA는 월드컵 이름을 지난 33년간 FIFA 회장에 재임하면서 월드컵 탄생을 주도했었던 프랑스 줄리메 씨의 업적을 기리기 위해 이름을 '줄리메컵'으로 바꿨다.

앞서 언급을 했듯이 줄리메컵은 브라질이 1970년 멕시코 월드컵 우승으로 영구 보유하게 되었는데, 1983년 12월 19일 괴한이 브라질 축구연맹에 침입해 줄리메컵을 훔쳐 갔다.

줄리메컵은 얼마 후 리오의 교외에 있는 비밀 주물공장에서 녹여진 상태로 발견되었다.

FIFA는 새로운 월드컵 제작에 돌입했고, 독일의 가이스트와 그의 아들이 새로운 월드컵을 제작했다.

새 월드컵은 3.97kg의 순금으로 유리 받침대에 받쳐져있다. 8개의 순금 접시가 받침대 주위를 둘러싸고 있고, 1930년 1회 우루과이 월드컵부터 1970년 멕시코 월드컵 우승국 이름이 새겨져 있다.

새로 만들어진 줄리메컵은 20만 명을 수용할 수 있는 브라질의 말라카나 경기장에 이중 삼중의 보호 장치 속에 전시되어 있다.

FIFA는 1974년 서독 월드컵부터 새로운 월드컵을 만들어서 수여하기 시작했다.

새로운 월드컵은 이탈리아 조각가 실비오 가니자니의 작품이 53개의 출품작 가운데 뽑혔다.

새로운 월드컵은 높이 36cm, 무게 4.97kg의 18K로 제작되었다. 등을 맞댄 운동선수가 어깨 위로 지구를 떠받치고 있는 모습이다. 당시에는 제작비가 23만 달러가 들었다.

새로운 월드컵의 공식 명칭은 'FIFA 월드컵'으로 트로피 받침대에 1974 서독 월드컵 우승팀으로부터 2038년 월드컵 우승팀까지 17개국 우승국을 새겨 넣을 수 있도록 되어 있다.

따라서 2042년 월드컵 때는 새로운 월드컵을 제작해야 한다.

'FIFA 월드컵'은 우승국이 4년간 보관한 후, 다음 대회 조 추첨식 때 FIFA에 반환하게 된다. FIFA 월드컵을 반환한 후 금으로 도색된 복사품을 받아 보관하게 된다.

2. 월드컵 대 월드컵

　세계 축구계를 주관하는 국제축구연맹(FIFA)에는 UN(193개국)보다 많은 211개국이 가입되어 있다.

　FIFA는 1904년 5월 21일에 설립되어 120년이 넘는 역사를 갖고 있고, 스위스 취리히에 본부를 두고 있다. 현재 회장은 프랑스의 잔나 인판티노 씨다.

　FIFA가 여자 월드컵, 17세 이하 월드컵 등 많은 대회를 주관하고 있는데, 가장 관심을 갖고 주관하는 대회는 4년마다 열리는 월드컵 축구대회다. FIFA는 4년마다 치르는 월드컵을 위해 개최국 선정, 대륙별 예선 진행, 조 추첨 등 모든 것을 주관하고 있다.

　FIFA 가맹국 211개국 가운데 1930년 1회 우루과이 월드컵부터 지난 2022년 22회 카타르 월드컵까지 22번의 대회를 치르는 동안 8개국 만이 우승컵을 차지했었다. 브라질이 5회 우승으로 가장 많고, 이어서 독일과 이탈리아가 각각 4회, 아르헨티나가 카타르 월드컵 우승으로 3회, 우루과이와 프랑스가 각각 2회씩 그리고 잉글랜드와 스페인이 각각 1번씩 우승을 차지했었다.

　월드컵은 브라질의 2002년 대회 우승을 마지막으로 유럽 국가가 돌아가면서 우승을 차지하다가 카타르 월드컵에서 아르헨티나가 우승을 차지해 유럽(12대회 우승) 대 남미(10대회 우승)의 우승 비율이 2개 대회 차이를 보이고 있다.

2006년 독일 월드컵 이탈리아 우승, 2010년 남아공 월드컵 스페인 우승, 심지어 남미의 축구의 나라 브라질(2014년) 월드컵까지 유럽국인 독일이 우승을 차지했었다.

독일은 남미에서 벌어진 대회에서 우승을 차지한 최초의 유럽 국가가 되었다. 준우승에 머문 아르헨티나의 리오넬 메시는 4골로 최우수 선수, 즉 골든볼(MVP)을 받는 것으로 만족해야 했다. 2018년 러시아 월드컵에서도 유럽의 프랑스가 우승을 차지했다. 그러나 2022년 카타르 월드컵에서 남미 팀인 아르헨티나가 우승을 차지해 유럽의 5대회 연속 우승을 막았다.

아르헨티나의 리오넬 메시는 카타르 월드컵 우승으로, 2014년 이후 두 번의 골든볼을 수상했고, 프리메라리가(FC 바르셀로나), 리그 1(파리 생제르맹)에서 우승을 차지했고, UEFA 챔피언스리그, FIFA 클럽 월드컵, 2008 베이징 올림픽 금메달 등 축구에 관한 모든 대회 우승컵을 들어 올렸다.

또한 월드컵 본선 26경기 최다 출전, 2,330분을 뛰어 최장 시간 출전의 기록도 아울러 세웠다.

메시의 월드컵 첫 우승과 함께 디에고 마라도나(2020년 11월 25일)가 60세로 사망한 데 이어 펠레가 2022년 12월 29일 대장

암을 극복하지 못하고 82세를 일기로 사망함으로써 축구에서 완전히 세대교체가 이뤄지게 되었다.

펠레는 갔지만 펠레의 월드컵 최연소 골(17세)과 세 차례 우승(1958, 1962, 1970)은 불멸의 기록으로 남게 되었다.

월드컵 우승을 차지한 경험이 있는 나라가 8개국인 반면, 결승전에 한 번이라도 올랐었던 나라는 모두 13개국이다.

독일이 가장 많은 8번 결승전에 올랐었고, 브라질이 7번, 이탈리아와 아르헨티나가 6번으로 그 뒤를 따르고 있다. 이어서 프랑스가 4번, 네덜란드가 3번, 체코와 우루과이, 헝가리가 2번씩이었다. 그밖에 잉글랜드, 스페인, 스웨덴, 크로아티아가 각각 1번씩 결승전을 경험했었다.

결승전에 올랐었던 국가 중에는, 네덜란드, 체코, 헝가리, 스웨덴, 크로아티아 등 5개국이 우승 경험이 없다.

22번의 월드컵에서 나온 골은 2022 카타르 월드컵 170골을 포함해서 모두 2,718골이었다.

월드컵 첫 골은 1930년 7월 13일 벌어진 제1회 우루과이 월드컵 개막전 프랑스 대 멕시코전 전반 19분에 나온 프랑스의 루시엥 로랑 선수의 골이었다. 2,718번째 마지막 골도 역시 프랑스 선수였다. 아르헨티나와 프랑스의 결승전 연장 후반 12분경에 나온 프랑스 킬리안 음바페의 PK 골이다.

월드컵 최다골은 독일의 미로슬라프 클로제의 16골이고, 단일 대회 최다골은 1958년 스웨덴 월드컵 때 프랑스의 쥐스트 퐁텐이 넣은 13골이었다. 월드컵 최다 공격포인트는 리오넬 메시의 21공격포인트(13골, 8도움)다.

월드컵 본선 한 경기 최다골은 1994년 미국 월드컵 B조 예선 카메룬전에서 러시아의 올레그 살렌코가 넣은 5골이고, 결승전 개인 최다골은 1966년 잉글랜드 월드컵 잉글랜드 대 서독의 경기에서 잉글랜드 주장 허스트와 카타르 월드컵 아르헨티나 대 프랑스의 결승전에서 킬리안 음바페가 기록한 해트트릭(3골)이다.

월드컵 최연소 득점은 1958년 스웨덴 월드컵 때 브라질의 펠레가 웨일스와의 8강전에서 17살 235일 만에 골을 기록했고, 1958년 6월 25일 17세 244일 만에 프랑스와 준결승전에서 해트트릭을 기록했다. 펠레는 최연소 골, 최연소 해트트릭 두 가지 기록을 동시에 보유하고 있다.

카메룬의 로저 밀라는 최고령(42살 39일) 득점 선수로 남아있다. 로저 밀라는 1994년 미국 월드컵 B조 예선 러시아와의 경기에서 1대6으로 패할 때 한 골을 터트렸었다.

월드컵 최단 시간 골은 2002 한·일 월드컵 한국 대 터키(튀르키예)의 3·4위전에서 터키의 하칸 쉬퀴르 선수가 경기 시작 11초 만에 한국의 홍명보 선수의 공을 빼앗은 뒤 그대로 슛을 성공시킨 골이었다.

　최단 시간 멀티골은 독일의 토니 크로스로 69초 만에 2골을 연속해서 터트렸다. 토니 크로스는 2014년 브라질 월드컵 브라질 대독일의 준결승전에서 전반 24분 독일의 세 번째 골을 성공 시켰고, 69초 만에 4번째 골을 넣어 독일의 7대1 대승을 이끌었었다.

　포르투갈의 크리스티아누 호날두는 유일하게 2006, 2010, 2014, 2018, 2022 등 5차례의 월드컵에서 내리 골을 넣고 있다.

　월드컵 대회 사상 최소골은 출전국이 많지 않아 경기 수가 적었던 1930년 우루과이, 1934년 이탈리아 대회에서 나온 70골이었고, 최다골은 1998년 프랑스 월드컵의 171골이었다. 그러나 경기당 골 수는 1954년 스위스 월드컵의 26경기 140골(5.38골)이 가장 많았다. 경기 당 최소골은 1990년 이탈리아 월드컵의 52경기 115골(2.21골)로 1954년 스위스 월드컵 경기당 평균골수가 이탈리아 월드컵보다 무려 2.5배나 많이 나왔다.

　월드컵 본선에서 가장 많은 골을 넣은 나라는 역시 축구의 나라 브라질로 카타르 월드컵 8골을 포함해서 237골을 넣고 있고, 최다 실점은 카타르 월드컵에서 조별 예선에서 탈락하면서 5실점을 한 독일로 130골을 허용했다.

　한 경기에서 가장 많은 골을 넣은 나라는 헝가리로 1982년 스페인 월드컵 엘살바도르와의 경기에서 10골을 몰아넣었다.

헝가리는 푸스카스 등이 활약하던 1954년 스위스 월드컵에서 무려 27골을 터트려 한 대회 가장 많은 골을 넣은 국가로 남아있다.

한 대회 최다 실점은 불명예스럽게 한국이 기록하고 있는데, 1954년 스위스 월드컵에서 단 2경기 만에 헝가리(9골), 당시 터키(현재 튀르키에 7골)전 등 모두 16골을 허용했다. 만약 3경기를 치렀다면 20실점을 넘어섰을 가능성이 매우 높았다.

한 대회 최소 실점은 2006년 독일 월드컵 때 스위스로 놀랍게도 한 골도 내주지 않은 0실점이다.

스위스는 G조 예선에서 한국에 오프사이드 논란 끝에 2대0, 토고에 2대0, 프랑스와는 0대0을 기록해 2승1무로 16강전에 올라, 우크라이나와 0대0 무승부를 기록한 끝에 승부차기(0대3)에 져서 4경기를 치르는 동안 한 골도 내주지 않고 8강 진출에 실패했다.

한 경기 최다 점수 차는 9골이다. 한국(1954년 헝가리전 0대9 패), 콩고민주공화국(1974년 유고슬라비아전 0대9 패), 엘살바도르(1982년 헝가리전 1대10 패) 등이다.

역대 월드컵에서 선수와 감독으로 모두 우승을 맛본 감독은 세 사람이다.

프랑스의 디디에 데샹 감독은 1998년 프랑스 월드컵에서는 선수, 2018 러시아 월드컵에서는 감독으로 우승을 차지했고,

브라질의 자갈루, 독일의 베켄바워도 역시 선수와 감독으로 우승을 차지했다.

이탈리아의 포초 감독은 1934 이탈리아 월드컵, 1938 프랑스 월드컵에서 2연패를 한 유일한 감독으로 남아있다.

오는 2026 북중미 월드컵에서는 프랑스의 킬리안 음바페, 노르웨이의 엘링 홀란, 브라질의 비니시우스 주니오르 등이 절정의 기량을 발휘할 것으로 예상된다.

맨체스터 시티에서 엄청난 골 결정력을 보여주고 있는 홀란은 노르웨이가 월드컵 본선에 오르면 월드컵 두 대회에서 12골을 넣고 있는 음바페와 쌍벽을 이룰 것으로 보인다. 한국의 조규성(공격)과 이강인(공격), 백승호(미드필더), 김민재(수비)도 최고의 기량을 발휘할 나이에 북중미 월드컵을 맞게 된다.

월드컵 100주년을 맞는 2030년 월드컵은 1930년 1회 대회 개최국인 우루과이, 아르헨티나, 칠레, 파라과이까지 남미 4개국이 이른바 '서던 콘(Southern Cone)' 개최를 원하고 있다. 1회 대회 개최국인 우루과이가 100년 만에 두 번째 개최하려는 것이기 때문에 설득력이 있다.

3. 월드컵 개인상

1974년 서독 월드컵 때까지는 '득점왕'만 있었다.

득점왕을 따로 수상 하지는 않고, 가장 많은 골을 넣었다는 영예만을 안았다.

월드컵 개인상은 1978년 아르헨티나 월드컵부터 수상하기 시작했다.

투표를 통해 1위 선수에게는 골든볼(Golden Ball), 2위는 실버볼, 3위는 브론즈볼을 수여한다.

1978년 아르헨티나 대회 골든볼은 우승팀인 아르헨티나의 마리오 켐페스, 실버볼은 이탈리아의 파올로 로시, 브론즈볼은 브라질의 지르세우 선수가 받았다.

골든볼 수상자는 줄곧 우승팀에서 나왔지만, 1998년 프랑스 월드컵에서 처음으로 준우승팀인 브라질의 호나우두가 받으면서 그 후부터는 우승을 하지 못한 팀에서도 나오고 있다.

2006 독일 월드컵 프랑스의 지네딘 지단, 2010 남아공 월드컵에서는 4위 팀인 우루과이의 디에고 포를란, 2014 브라질 월드컵 아르헨티나의 리오넬 메시, 2018 러시아 월드컵 크로아티아의 루카 모드리치 등이다.

아시아 선수로는 2002 한·일 월드컵의 홍명보(브론즈볼)가 유일하게 개인상을 수상했다.

골든부트는 그 대회에서 가장 많은 골을 넣은 득점왕에게 주는 상이기 때문에 가장 객관적인 상이다.

1930년 아르헨티나의 기예르모 스타빌레(8골)가 받은 이후 줄곧 영예만을 누리다가, 정식으로 수상을 하기 시작한 것은 1982년 스페인 월드컵 때부터 였었고, 2006년 독일 월드컵까지 '골든슈(Golden Shoe)'라는 이름으로 수여했다. 그 후 2010년 남아공 월드컵부터 골든부트(Golden Boot)라고 부르기 시작했다. 당연히 두 번째 득점자에개는 실버부트, 세 번째 득점자에게는 브론즈부트를 준다.

2006년 독일 월드컵부터는 득점수가 동률일 경우 어시스트가 많은 선수를 상위에 랭크 시키고, 어시스트까지 동률일 경우 출전 시간이 적은 선수가 상위에 랭크 되도록 규정이 변경되었다.

1994년 미국월드컵부터 최우수 골키퍼에게 '야신상(Yashin Award)'을 주기 시작해 미국 월드컵 때는 벨기에의 미셸 프뢰돔 선수가 초대 수상자가 되었다.

야신상은 2010 남아공 월드컵부터 골든글러브(Golden Glove) 상으로 이름이 바뀌었다.

골든글러브 초대 수상자는 2010 남아공 월드컵 우승팀인 스페인의 이케르 카시야스 골키퍼 였다.

2006 독일 월드컵부터는 베스트 영 플레이어(Best Young Player Award)상을 주기 시작했다.

베스트 영 플레이어상은 그 대회에 출전한 21세 이하 선수 가운데 가장 뛰어난 플레이를 한 선수에게 준다.

2006년 독일 대회에서는 독일의 루카스 포돌스키가 받았고, 2018 러시아 월드컵에서는 프랑스의 킬리안 음바페가 수상했다. 2022 카타르 월드컵에서는 우승팀인 아르헨티나의 엔조 페르난데스가 수상의 영예를 차지했다.

'FIFA 페어플레이 트로피(FIFA Fair Play Trophy)'는 그 대회 출전한 팀 가운데 최고의 페어플레이를 펼친 팀에게 수여하는 상이다.

페어플레이 트로피는 1970년 멕시코 월드컵 때 처음으로 제정되었는데, 토너먼트 라운드에 진출한 팀으로 제한하여 수여한다.

1970년 멕시코 월드컵 때는 페루가 수상했고, 2022 카타르 월드컵 때는 잉글랜드가 받았다. 브라질이 1982 스페인 월드컵, 1986 멕시코 월드컵, 1994 미국 월드컵에서 세 번이나 받은 것이 눈에 띈다.

2006년 독일 월드컵부터 토너먼트의 골(Goal of the Tournament)

제도가 생겼는데, 가장 멋진 골을 터뜨린 선수에게 수여하는 상이다.

2006년 독일 월드컵 때는 멕시코와 16강전에서 넣은 아르헨티나의 막시 로드리게스의 골이 선정되었고, 2022 카타르 월드컵에서는 조별 예선 세르비아전에서 넣은 브라질의 히샬리송의 골이 선정되었다.

4. 월드컵과 축구공

4년마다 열리는 월드컵 축구대회는 새로운 축구공을 탄생시키고 있다.

월드컵 초창기, 1회 우루과이 월드컵은 결승전에 오른 이웃나라 개최국 우루과이와 아르헨티나가 킥오프를 앞두고 서로 자기 나라에서 만든 공을 사용하자고 우기는 바람에 토스를 한 결과 아르헨티나가 이겨서 전반전은 아르헨티나제, 후반전은 우루과이제 공으로 결승전을 치렀다.

그 결과 아르헨티나제 공으로 한 전반전은 아르헨티나가 우루과이에 2대1로 앞섰고, 우루과이제 공으로 한 후반전은 우루과이가 3대0으로 앞서 4대2로 우루과이가 이겼다.

월드컵에서는 이후로도 1966년 영국 월드컵 때까지 공인구가 없이 개최국이 정하는 공으로 치러야 했다.

1970년 멕시코 월드컵 때 아디다스에서 만든 첫 공인구 '텔스타'가 나왔고. 그후 2002한·일 월드컵 '피버노바'를 거쳐서 2010년 남아공 월드컵 '자블라니', 2014 브라질 월드컵 '브라주카', 2018 러시아 월드컵 '텔스타 18'. 2022 카타르 월드컵 '알 리흘라'까지 진화했다.

5. 월드컵과 상금

2022 카타르 월드컵에서 FIFA는 순위별 상금과 선수들의 참가 수당 총액이 4억 4,000만 달러(6,300억 원)라고 밝혔다. 그리고 각국 대표 선수들의 소속팀이 받는 보상금 약 3,050억 원을 합하면 9,300억 원이나 되었다.

카타르 월드컵 우승팀 아르헨티나는 FIFA컵과 함께 4,200만 달러(602억 원), 준우승팀 프랑스는 아르헨티나 보다 1,200만 달러 적은 3,000만 달러(430억 원)를 받았다.

본선에 오른 32개국 모두 수당을 받았는데, 4팀씩 8개 조의 조별리그에서 떨어진 16개국은 팀당 900만 달러, 16강에서 탈락한 16개 팀들이 모두 합해서 1억 4,400만 달러(2,064억 원)를 받았다.

16강에 오르면 팀당 가져가는 금액이 점점 더 커진다.

16강에 오르면 떨어진 팀들보다 400만 달러가 더 많은 1,300만 달러(186억 원), 8강에 오른 팀들은 16강에서 떨어진 팀들보다 400만 달러가 더 많은 1,700만 달러(244억 원)를 받았다.

4강에 오른 팀들을 보면, 4위는 2,500만 달러(358억 원), 3위는 2,700만 달러(387억 원)를 수령했다.

FIFA가 출전 선수들의 소속팀들에게 지급하는 보상금도 있다.

예를 들면 한국 팀의 주장 손흥민 선수의 소속팀 토트넘 홋스퍼가 일정한 금액의 보상금을 받았는데, 이같이 선수들의 소속팀이 받는 보상금 총액이 1억 9,000만 파운드(3,050억 원)다.

한 선수당 약 3억 7,000만 원씩 주어졌다. 전북 현대가 송범근 골키퍼, 수비수 김진수와 김문환, 미드필더 백승호와 송민규, 공격수 조규성 등 모두 6명이 포함되어 있어, FIFA로부터 6명의 보상금으로 약 22억 원을 받았다.

FIFA는 이같이 상금과 보상금 등으로 9,300억 원가량을 썼는데, 그 재원은 TV 중계권과 갖가지 상업 계약 등으로 60억 달러 이상을 벌어들였다. FIFA는 2018 러시아 월드컵에서는 55억 달러(7조 8,800억 원)의 수입을 올렸었다.

FIFA는 TV 중계권료 등으로 211개 FIFA 회원국에게 일정 금액은 장려금을 주고, 월드컵 상금과 보상금을 지급하더라도 수조 원대의 수익을 기대할 수 있는 것이다.

대한축구협회는 본선에 진출한 26명의 선수들에게 출전 수당으로 1인당 2,000만 원, 16강에 올라 개인당 1억 원을 추가로 주었다.

영국은 우승을 하면 선수 한 명당 8억 원, 독일은 5억 5천만 원의 우승 보너스를 내세웠는데, 두 나라뿐만 아니라 32개국 모두 우승을 하면 선수 개인에게 우승 보너스를 준비했었다.

6. 월드컵 축구 이변의 역사

"공은 둥글다"는 축구를 가장 잘 표현한 말이다.

축구는 둥근 공을 사람의 신체 가운데 가장 부정확한, 발로 다루는 스포츠이기 때문에 이변이 많이 일어난다. 카타르 월드컵에서는 사우디아라비아가 그 대회 우승팀 아르헨티나를 2대1로 꺾었고, 일본도 독일에 2대1로 역전승을 거둬 세계 축구계를 깜짝 놀라게 했었다.

월드컵 축구는 각 나라마다 좋은 성적을 올리기 위해 총력전을 펴고, 출전하는 선수들은 마치 전쟁터에 나가는 군인들처럼 굳은 각오를 하고 경기에 임하게 마련이기 때문에 상상도 하지 못한 이변이 일어나는 것이다.

1930년 우루과이 월드컵으로 시작된 지난 92년 동안 월드컵 역사에 어떤 이변이 일어났을까.

1) 2014 브라질 월드컵 준결승전 브라질 독일에 1대7 대패

월드컵 축구대회 사상 최대의 이변은 2014년 브라질 월드컵 준결승전 홈팀 브라질이 독일에 1대7로 참패를 당한 것이다.

당시 브라질은 주 공격수 네이마르와 풀백 실바 선수가 부상 또는 경고 누적으로 빠져 조직력이 흐트러졌었다.

축구의 나라 브라질이 홈에서 7골이나 내주고 참패를 당한 것은 월드컵 사상 최대의 이변이 아닐 수 없다.

2) 2018 러시아 월드컵 F조 예선 독일 한국에 0대2 패

역시 독일과 관련된 경기, 2018 러시아 월드컵 F조 예선 마지막 경기에서 한국이 독일을 2대0으로 완파한 경기다.

당시 독일은 한국에 이기면 스웨덴과 멕시코전 결과에 따라 16강에 오를 수 있었지만, 한국의 수비수 김영권, 에이스 손흥민 선수에게 2골을 얻어맞아 0대2로 패해 탈락했다.

독일은 직전 대회에서 브라질을 7대1로 대파하고 아르헨티나와의 결승전 연장전에서 마리오 괴체 선수의 결승골로 1대0으로 이겨 우승을 차지했었는데, 4년 만에 한국에 덜미를 잡힌 것이다.

독일은 카타르 월드컵 E조 첫 경기에서 일본에 1대2로 역전패를 당해 두 대회(두 경기) 연속 아시아 돌풍의 희생양이 되었다.

3) 2002년 한·일 월드컵 개막전 프랑스 0대1 세네갈에 패

2002 한·일 월드컵 개막전으로 서울 월드컵 경기장에서 디펜딩 챔피언 프랑스와 첫 출전한 아프리카 세네갈의 맞대결은 프랑스가 3~4골 차로 이길 것으로 예상되었었다.

그러나 세네갈은 전반 30분 터진 파파 부바 디오프의 선제골을 끝까지 잘 지켜 1대0으로 승리한 이후 8강까지 올랐고, 프랑스는 조별 예선에서 한 골도 넣지 못하고 1무 2패로 조별 예선에서 탈락했다.

4) 1950년 브라질 월드컵 잉글랜드 미국에 0대1 패

당시 잉글랜드는 빌리 라이트, 스탠 모텐센 등 호화 멤버를 자랑하는 축구 종주국으로 첫 경기에서 칠레를 2대0으로 꺾었었다. 반면 축구 약소국 미국은 스페인과의 1차전에서 1대3으로 패했었다.

그러나 미국은 잉글랜드와의 2차전에서 전반 38분 조 게트엔스가 선제 결승골을 뽑은 후 그 골을 잘 지켜 거함 잉글랜드를 침몰시켰다.

5) 1982년 스페인 월드컵 서독 알제리에 1대2 패

당시 서독은 알제리 팀에 징크스를 갖고 있었다. 역대 전적에서 한 번도 이기지 못한 것이다. 아니나 다를까, 서독은 알제리에 1대2로 패해 불안한 출발을 보였다. 그러나 서독은 결승전까지 올라, 이탈리아에 이어 준우승을 차지했다.

6) 1990년 이탈리아 월드컵 아르헨티나 카메룬에 0대1 패

월드컵 개막전에서는 이변이 많이 일어난다. 1990년 이탈리아 월드컵 개막전에서도 1986년 멕시코 월드컵 우승팀 아르헨티나가 희생양이 되었다.

'축구 신동' 디에고 마라도나와 카니자 선수가 뛴 아르헨티나가 월드컵에 첫 출전한 아프리카의 카메룬에게 0대1로 패했다.

카메룬은 아르헨티나의 파상적인 공격을 잘 버텨내다가 후반 22분 오맘비윅 선수가 회심의 결승골을 터트렸다. 아르헨티나의 폼피도 골키퍼가 충분히 막을 수 있는 슈팅이었는데, 그만 실수를 하고 만 것이다. 카메룬은 그 기세를 살려 8강까지 진출했었다.

7) 1966년 잉글랜드 월드컵 북한 1대0 이탈리아

4조 예선 마지막 경기에서 승리하는 팀이 조별 예선을 통과하고 8강에 오를 수 있었던 경기였다.(당시는 본선 진출 팀이 16팀이라 조 예선을 통과하면 8강에 올랐다)

당연히 이탈리아의 승리가 예상되었지만, 북한은 전원 수비, 전원 공격의 총력전을 펼치며 이탈리아와 대등한 경기를 벌이다가, 전반 42분에 터진 박두익의 결승골로 1대0 승리를 쟁취했다.

이탈리아는 탈락했고, 북한은 아시아 축구 최초로 월드컵 8강에 올랐다.

8) 2022 카타르 월드컵 일본과 사우디아라비아,
독일 스페인 아르헨티나 격파

2022 카타르 월드컵에서는 많은 이변이 일어났다.

일본이 E조 예선에서 독일과 스페인에게 각각 2대1로 이겨 조 1위로 16강에 진출했다.

C조 예선에서는 사우디아라비아가 대회 우승팀 아르헨티나에게 2대1로 이겼지만 폴란드와 멕시코에게 패해 탈락했다.

아프리카의 모로코는 F조 예선에서 벨기에와 캐나다를 잡고 조 1위로 16강에 진출, 스페인을 승부차기로 잡고 포르투갈과 8강전에서 1대0으로 이겨 4강에 진출했다.

　모로코는 4강전에서는 프랑스에 0대2, 3·4위전에서는 크로아티아에 1대2로 패해 4위를 차지했다.

7. 월드컵 승부차기, 독일 4전 4승

월드컵 본선 승부차기는 1982년 스페인 월드컵부터 시작되어 2018 러시아 월드컵까지 30번, 2022 카타르 월드컵에서 5번이 추가되어 35번이나 있었다.

카타르 월드컵에서 일본은 크로아티아와 16강전에서 1대1로 비겼지만 승부차기에서 1대3으로 졌고, 모로코는 스페인과 0대 0으로 비긴 후 승부차기에서 3대0으로 이겨 8강에 올랐다.

8강전에서는 아르헨티나와 네덜란드가 2대2로 비긴 후 승부 차기에서 아르헨티나가 4대3으로 이겼고, 크로아티아가 브라질 과 1대1로 비긴 다음 승부차기에서 4대2로 이겼다.

아르헨티나와 프랑스의 결승전은 연장 접전 끝에 3대3 무승 부를 이룬 후 승부차기에서 아르헨티나가 프랑스를 4대2로 제 압하고 통산 세 번째 우승을 차지했다.

조 예선은 리그전이기 때문에 당연히 승부차기가 없었고, 16강 토너먼트 이후부터 결승전까지 승부차기가 벌어진다.

16강전 승부차기는 카타르 월드컵 두 차례(일본 대 크로아티아), (모로코 대 스페인)까지 포함해서 13차례 있었고, 8강전 승부차기 는 12번, 4강전 승부차기는 5번, 3·4위전 승부차기는 한 번도 없었고, 결승전 승부차기가 세 차례 있었다.

스페인은 1986년 멕시코 월드컵 8강전에서 벨기에와 1대1로 비긴 후 승부차기에서 5대4로 패했다.

스페인은 2002 한·일 월드컵 아일랜드와 16강전에서 1대1로 비긴 후 승부차기에서 3대2로 이겨 16강에 올랐다. 그러나 그 후 스페인의 승부차기 악몽은 대한민국과의 8강전에서 0대0으로 비긴 후 3대5로 패하면서 시작된다. 2018 러시아 월드컵 16강전에서 개최국 러시아와 1대1로 비긴 후 승부차기에서 3대4로 패해 탈락했고, 카타르 월드컵에서 모로코에게 승부차기에 져서 승부차기 승률이 2할(5전 1승 4패)에 머물고 있다.

이탈리아는 승부차기 결승전을 두 차례 치러 1승 1패를 기록했다.

이탈리아는 1994년 미국 월드컵 결승전에서 브라질과 0대0으로 비긴 후 승부차기에서 2대3으로 패해 준우승에 머물렀다. 그러나 2006년 독일 월드컵 프랑스와 결승전에서 1대1로 비긴 후 승부차기에서 5대3으로 이겨 우승을 차지했다.

그러나 이탈리아는 1990년 이탈리아 월드컵 준결승전에서 아르헨티나와 1대1로 비긴 후 승부차기에서 3대5로 패했고, 1998년 프랑스 월드컵 8강전에서 개최국 프랑스와 0대0으로 비긴 후 승부차기에서 3대4로 패해 월드컵 승부차기 1승 3패를 기록하고 있다.

월드컵 승부차기에서 가장 혜택을 본 국가는 독일(서독)이었다.

독일은 승부차기에서 4전 전승, 승률 100퍼센트를 기록하고 있다.

1982년 스페인 월드컵 준결승전에서 서독은 프랑스와 3대3에서 승부차기(5대4)승을 거뒀고, 1986년 멕시코 월드컵 8강전 개최국 멕시코와 0대0에서 승부차기(4대1) 승을 올렸다. 1990년 이탈리아 월드컵 준결승전 잉글랜드와 1대1에서 승부차기(4대3) 승, 2006년 독일 월드컵 8강전 아르헨티나와의 경기 1대1에서 승부차기(4대3) 승을 거뒀었다.

아시아 국가로는 대한민국(2002 한·일 월드컵 스페인에게 5대3 승)이 1승을 올리고 있고, 일본은 2010 남아공 월드컵 16강전에서 파라과이에 0대0에서 승부차기(3대5) 패, 2022 카타르 월드컵 16강전 크로아티아에 패해 2전 2패를 기록하고 있다.

8. 1회 우루과이 월드컵 3위는 미국? 유고?

월드컵 축구대회는 1930년 우루과이에서 벌어진 1회 대회로 시작되었다. 2022년 카타르 월드컵이 아르헨티나의 우승으로 끝났기 때문에 이제 92년이 되었다.

그러면 월드컵 역사상 가장 미스터리한 사건은 무엇일까?

과연 1회 우루과이 월드컵 3위가 어느 나라였을까?

월드컵 역사에 1930년 1회 우루과이 대회 우승은 우루과이, 아르헨티나 준우승 그리고 3위 미국, 4위 유고슬라비아로 기록되어있다.

1930년 우루과이 대회는 3·4위전이 열리지 않았다. 그런데 어떻게 해서 미국이 3위, 유고슬라비아가 4위로 기록되어있을까?

월드컵 역사에는 골 득실 차에서 미국이 0, 유고슬라비아는 -1이기 때문에 미국이 3위가 되었다는 설이 유력하다.

우루과이 대회는 모두 14개국이 출전해, 4개조(한 조에 3팀 또는 4팀)로 나눠서 조별 예선을 갖고, 각조 1위 4팀이 준결승전에 올라, 우승팀을 가리게 되어있었다.

유고슬라비아는 2조에서 브라질(2대1), 볼리비아(4대0)에게 2연승을 거두고 조 1위가 되었고, 우루과이와 준결승전에서 1대

6으로 패해 골 득실 차가 0이었다.

미국은 4조에서 벨기에(3대0), 파라과이(3대0)에게 모두 이기고 조 1위로 준결승전에 진출해서 아르헨티나에게 1대 6으로 패해 골 득실 차가 +1이 되었다.

그런데 우루과이 월드컵이 끝난 지 80년이나 지난 2010년 미국이 아닌 유고슬라비아가 3위라는 주장이 물증과 함께 나왔다.

2010년 5월 28일 《1930 FIFA World Cup Uruguay》. FIFA에서 1930년 월드컵 당시 유고슬라비아 대표팀의 주장이자 유고슬라비아 축구 협회의 부회장이었던 코스타 하지의 아들이 유고슬라비아가 동메달 하나를 수여받았고, 하지가 스스로 관리해 자신의 가족이 80년 동안 보관하고 있다고 주장했다.

그는 준결승전에서 유고슬라비아를 꺾었던 우루과이가 월드컵에서 우승하면서 자동적으로 3위에 기록되었다고 주장했다.

과연 1930년 1회 우루과이 월드컵에서 3위를 차지한 것은 미국일까 유고슬라비아일까, 아니면 미국과 유고슬라비아가 공동 3위일까?

월드컵은 우루과이 대회 이후 1934년 2회 이탈리아 월드컵부터 3·4위전(독일 3대2 오스트리아)이 줄곧 열려오고 있고, 2002 한·일 월드컵에서는 터키(튀르키에)가 개최국 한국을 3대2로 꺾고 3위를 차지했었고, 2022 카타르 월드컵에서는 크로아티아가 모로코를 2대1로 물리치고 3위에 올랐다.

9. 역대 월드컵 축구대회 우승 감독들

100년 가까운 월드컵 역사를 보면, 22번의 대회 모두 100퍼센트 자국 감독이 대표팀을 맡은 팀이 우승을 차지했다.

월드컵 우승 감독은 4년에 한 명씩 나온다.

전 세계 국가대표 클럽 유소년 팀 등 각급 축구 팀 감독이 수십만 명이라고 볼 때 '월드컵 우승 감독이 될 확률'은 로또를 맞을 만큼 어렵다고 볼 수 있다.

1930년 1회 우루과이 월드컵 우승 감독은 알베르토 수피시(1898년 11월 20일~1981년 6월 21일) 감독이었다.

알베르토 수피시 감독은 우승할 당시 나이가 겨우 31세 252일로 역대 우승팀 감독 가운데 최연소 감독으로 기록되어 있다.

이어서 1934년 2회 이탈리아 월드컵과 1938년 3회 프랑스 월드컵은 이탈리아가 2연패를 했는데, 두 번 모두 비토리오 포초(1886년 3월 2일~1968년 12월 21일)감독이었다.

포초 감독은 월드컵에서 유일하게 두 번 우승을 했고, 2연패를 한 유일한 감독이다. 그 기록은 지난 100년 동안 깨지지 않았는데, 앞으로 100년 후에도 깨어지지 않을 가능성이 높다.

1950년 4회 브라질 월드컵 우루과이의 우승 감독은 후안 로

페스 폰타나(1908년 3월 15일~1983년 10월 4일)감독이었다.

로페스 폰타나 감독은 역대 월드컵 우승 감독 가운데 축구 경력이 가장 일천하다.

국가대표는 물론 프로 축구 팀 경력도 없고, '의료 보조원'이 자신의 이력 전부였다. 그런데 브라질 프로 축구 CA 센트럴 에스파뇰 팀의 코치가 되면서 축구 경력을 쌓기 시작해 월드컵 우승 감독까지 되었다.

1954년 5회 스위스 월드컵 우승팀 서독 감독은 제프 헤르베르거(1897년 3월 28일~1977년 4월 28일) 감독이었다.

제프 헤르베르거 감독은 '악마의 계산'으로 잘 알려진 감독이었다.

당시 우승 후보는 3년 동안 31전 전승을 달리던 푸스카스의 헝가리였다.

제프 헤르베르거 감독은 2조 예선 때는 2진을 내보내 헝가리에 3대8로 패했지만, 준결승전에서 헝가리가 전 대회 우승팀 우루과이와 혈전을 벌여 4대2로 이긴 반면, 서독은 약체 오스트리아를 6대1로 가볍게 누르고 결승전에 올랐다. 제프 헤르베르거 감독은 결승전에 비가 내리면 그에 맞는 최신형 축구화를 신은 서독이, 비가 내리지 않으면 전력이 더 뛰어난 헝가리가 우승할 것이라고 예상했었는데, 비가 많이 쏟아지는 가운데 벌어진 결승전에서 서독이 헝가리를 2대1로 꺾고 우승을 차지했다.

1958년 6회 스웨덴 월드컵 우승팀 브라질 감독은 비센치 페올라(1909년 11월 20일~1975년 11월 6일) 감독이었다.

당시 브라질 축구 대표팀에 합류했었던 한 심리학자가 '펠레가 너무 어려(17살)서 정신력이 약하고 책임감이 없다'며 선발하면 안 된다고 충고했지만, 페올라 감독은 펠레를 선발해서 결국은 불세출의 스타로 만들었다.

1962년 7회 칠레 월드컵 우승팀 브라질 감독은 아이모레 모레이라(1912년 4월 24일~1998년 7월 26일) 감독이었다.

당시 브라질 멤버에는 펠레, 바바, 디디, 가린샤 등 역대급 스타플레이어들이 즐비했지만, 월드컵에서 우승을 하려면 감독의 역할이 절대적이다. 아이모레 모레이라는 1930년 대 브라질 대표팀에서 이례적으로 윙어로 시작해 골키퍼까지 맡았었다.

1966년 8회 잉글랜드 월드컵 우승팀은 홈팀 잉글랜드인데 알프 램지(1920년 1월 22일~1999년 4월 28일) 감독이 맡았었다.

알프 램지 감독은 손흥민의 대 선배로 토트넘(1949~1955)이 두 번의 (1949~1950, 1950~1951)리그 우승을 차지할 때 풀백으로 뛰었었다.

1970년 9회 멕시코 월드컵은 브라질이 사상 최초로 3회 우승을 차지해 초창기 우승컵인 '줄리메컵'을 영원히 소유하게 되었는데, 당시 브라질 감독은 선수 출신의 마리우 자갈루(1931년 8월 9일~2024년 1월 7일) 감독이었다.

자갈루 감독은 역대 월드컵 우승 감독 가운데 1회 우루과이 대회 우승 감독 알베르토 수피시 감독에 이어 두 번째로 나이(38세 316일)가 어렸었다. 자갈루 감독은 2024년 1월 7일 리우데자네이루의 한 병원에서 93세를 일기로 '다발성 장기부전'으로 사망했다.

자갈루 감독은 1958년 스웨덴 월드컵과 1962년 칠레 월드컵은 선수로 우승을 차지했고, 1970년 멕시코 월드컵은 감독으로, 1994년 미국 월드컵은 수석 코치로 월드컵 우승을 차지했다.

자갈루 감독은 선수, 코치, 감독으로 월드컵 우승을 했고, 또한 선수와 코치, 감독으로 4번이나 월드컵 정상에 오른 유일한 축구인이기도 하다.

1974년 10회 서독 월드컵 우승팀은 홈팀 서독이었는데, 당시 서독은 헬무트 쇤(1915년 9월 15일~1996년 2월 23일) 감독이 이끌었다.

헬무트 쇤 감독은 월드컵, FIFA 클럽 월드컵, UEFA 유럽 축구 선수권대회를 모두 석권한 최초의 감독이었다.

1978년 11회 아르헨티나 월드컵도 전 대회 서독에 이어서 홈팀 아르헨티나가 우승을 차지했는데, 아르헨티나의 세사르 루이스 메노티(1938년 11월 5일)감독이었다.

당시 세사르 루이스 메노티 감독의 나이는 39세 246일로, 역대 최연소 감독 3위에 해당된다.

메노티 감독은 2017년 브라질 일간지인 폴랴지 상파울루와의 인터뷰에서 "역대 최고 선수는 펠레"라고 말해 자국의 마라도나와 펠레의 역대 최고선수 논란에 종지부를 찍었다.

메노티는 디에고 마라도나와 리오넬 메시는 동급으로 평가하기도 했다.

1982년 12회 스페인 월드컵은 이탈리아가 세 번째 우승을 차지했는데, 엔초 베아르초트(1927년 9월 26일~2010년 11월 21일)감독이 팀을 이끌었다.

엔초 베아르초트 감독은 수비형 미드필더 출신으로 1975년 9월부터 1986년 6월까지 무려 104번의 A매치를 치러 역대 이탈리아 감독 가운데 가장 많은 국가대표 경기를 치렀다.

1986년 13회 멕시코 월드컵은 아르헨티나가 우승을 차지했는데, 카를로스 빌라르도(1938년 3월 16일) 감독이 맡았었다.

미드필더 출신의 카를로스 빌라르도는 공격은 마라도나에 대한 의존도가 지나치게 높았지만, 쓰리백 수비는 막강했다. 두 명의 스토퍼가 상대 투톱을 전담 마크하고, 최후방의 리베로가 페널티 박스의 위험 지역을 완전 봉쇄하는 쓰리백 시스템은 상대

팀의 공격수들을 좌절감에 빠뜨리게 만들었었다.

1990년 14회 이탈리아 월드컵은 서독이 우승을 차지했는데, 1974년 서독월드컵 때 서독 우승의 주역 프란츠 베켄바워(1945년 9월 11일~2024년 1월 8일) 감독이 선수와 감독으로 모두 우승을 차지했다.

베켄바워는 미드필더 겸 수비 출신인데 수비로서는 이례적으로 발롱도르상 후보에 12번이나 올랐고, 발롱도르상을 1972년, 1976년 두 차례나 수상했다.

베켄바워는 2024년 1월 8일 78세를 일기로 사망했다. 가족들은 사인(死因)을 발표하지 않았다.

1994년 15회 미국 월드컵은 브라질이 사상 4번째 정상에 올랐는데, 카를로스 페레이라(1943년 2월 27일) 감독이 맡았다.

카를로스 페레이라 감독은 가장 많은 국가대표팀을 맡았던 감독으로 잘 알려져 있다, 1967년에는 가나, 1978년 쿠웨이트, 1985년 UAE, 1988년 사우디아라비아, 2007년 남아공 그리고 브라질 대표팀을 맡아 월드컵 우승을 차지했다.

1998년 16회 프랑스 월드컵은 홈팀 프랑스가 사상 처음 우승을 차지했는데, 에메 자케(1941년 11월 27일) 감독이 팀을 맡았다.

수비형 미드필더 출신의 에메 자케는 '극단적인 수비' 위주의 작전을 펴서 비난을 받기도 했다.

그러나 1998년 프랑스 월드컵 브라질과 결승전에서 브라질이 세트피스를 견제하는 능력에 문제가 있다고 봤는데, 결국 지네딘 지단의 정교한 코너킥이 2골로 연결돼서 3대0으로 완승을 거뒀다.

2002년 17회 한·일 월드컵은 브라질이 사상 5번째 우승을 차지했는데, 루이스 펠리프 스콜라리(1948년 11월 9일) 감독이 맡았었다.

수비수 출신의 루이스 펠리프 스콜라리 감독은 국가대표 클럽 등 무려 30개 팀 감독을 맡아 역대 감독 가운데 가장 많은 팀 감독을 지냈었다.

1982년 브라질의 센트루 스포르치부 알라고아누 팀 감독으로 시작해서 알 아흘리(1991), 주빌로 이와타(1996), 첼시 FC(2008년), 광저우 헝다(2015) 등을 거쳐 크루제이루 EC(2020~2021) 팀까지 30년 동안 평균 1년씩 30개 팀을 전전했다.

2006년 18회 독일 월드컵은 이탈리아가 사상 4번째 우승을 차지했는데, 마르첼로 리피(1948년 4월 12일) 감독이 팀을 이끌었다.

미드필더 출신의 마르첼로 리피 감독은 나폴리, 유벤투스 등 주로 이탈리아 클럽 팀을 맡았다가, 말년에 중국 대표, 중국의 광저우 헝다 등 중국 팀 지휘봉을 잡았다.

2010년 19회 남아공 월드컵은 스페인이 첫 우승을 차지했는데,

비센테 델 보스케(1950년 12월 23일) 감독이 팀을 이끌었다.

비센테 델 보스케 감독은 비교적 장신(1m 84cm)의 수비형 미드필더 출신이다. 1987년 레알 마드리드 선수를 시작으로 감독 대행을 거쳐 2000년부터 2003년까지 감독을 맡았던 레알 마드리드와는 떼려야 뗄 수 없는 관계다.

2014년 20회 브라질 월드컵은 독일이 사상 4번째 우승을 차지했는데, 요하임 뢰브(1960년 2월 3일) 감독이 팀을 맡았었다.

요하임 뢰브 감독은 공격형 미드필더 출신으로 1978~1979 시즌 SC 프라이부르크에서 프로에 데뷔했고, 슈투트가르트 등 8팀을 거친 후 1994~1995 시즌 FC 프라우엔펠트 팀에서 은퇴를 했다.

2006년 독일 월드컵 때는 독일 대표팀의 수석코치, 2014년 브라질 월드컵에서 감독을 맡았다.

2018년 21회 러시아 월드컵은 프랑스가 사상 두 번째 우승을 차지했는데, 디디에 데샹(1968년 10월 15일) 감독이 팀을 맡았다.

디디에 데샹은 수비형 미드필더 출신으로 1998년 프랑스 국가대표 주장으로 월드컵 우승을 이끌었고, 2018 러시아 월드컵은 감독으로 월드컵 우승을 차지했다.

2022년 22회 카타르 월드컵은 아르헨티나가 3번째 정상에 올랐는데, 수비수 출신 리오넬 스칼로니(1978년 5월 16일) 감독이 이끌었다.

아르헨티나 팀의 우승 당시 스칼로니 감독은 44살로 카타르 월드컵 본선에 오른 32개 팀 감독 가운데 가장 어렸지만, 역대 월드컵 우승팀 감독 가운데는 5번째로 어렸었다.

1997년 U-20 FIFA 월드컵에서 아르헨티나가 우승을 차지하는 데 주역 역할을 했다.

2018년 러시아 월드컵에서는 아르헨티나 대표팀의 수석코치를 맡았었다.

10. 월드컵 최고 명장은 이탈리아의 포초 감독

모든 축구 선수들의 꿈이 '월드컵 출전'이듯이 축구 지도자의 최종 목표는 월드컵 축구 대표팀 감독이다.

4년마다 치러지는 월드컵 축구 대표팀 감독은 32자리뿐이다. 2026 북중미 월드컵부터는 48자리로 늘어난다.

그동안 22번의 월드컵을 치렀으니까 겹치는 것을 감안하면 월드컵 감독의 영광을 누린 감독들은 600명이 채 넘지 않는다.

월드컵 초창기에는 13~15국만 본선에 올랐었고, 16개국으로 정착되었다가, 1982년 스페인 월드컵부터 24개국, 1998년 프랑스 월드컵부터 32개국으로 늘어났고, 이제 2026 북중미(미국 캐나다 멕시코 공동 개최) 월드컵부터는 48개국으로 늘어난다.

역대 월드컵 감독 가운데 가장 좋은 성적을 올린 감독은 이탈리아의 '비토리오 포초' 감독이다.

포초 감독은 이탈리아 수비 축구의 틀을 만들면서 1934년 이탈리아, 1938년 프랑스 월드컵 2연패를 이끌었었다.

포초 감독은 당시 사이가 좋지 않았던 유벤투스와 인터 밀란 선수들을 대표팀에 소집, 한 방에 집어넣으면서 다음 날 아침 불쑥 문을 열어 "아직 안 잡어 먹었지"라는 유머 등으로 팀 분위기를 살리며 화합을 이끌어 내 전무후무(前無後無)한 월드컵 2연패 감독이 되었다.

월드컵 최초 우승 감독은 1930년 우루과이 월드컵 때 우루과이 대표팀을 이끌었었던 알베르토 수피시 감독인데, 당시 알베르토 감독의 나이는 겨우 32살이었다. 알베르토 감독보다 더 어린 나이에 월드컵 대표팀을 맡았던 감독은 1930년 우루과이 월드컵 때 준우승을 차지한 아르헨티나의 프란시스코 올라지르 감독으로 27세 267일 밖에 되지 않았었다. 또한 2022 카타르 월드컵 전까지 역대 최고령 감독은 1990년 이탈리아 월드컵에서 벨기에 팀을 맡았었던 구이 티스 감독으로 67세 207일이었다.

각각 다른 나라를 이끌고 5번이나 본선에 오른 감독도 있었다. 세르비아 출신의 보라 밀루티노비치 감독은 1986년 멕시코 월드컵 때는 개최국 멕시코(8강), 1990년 이탈리아 월드컵 때는 코스타리카(16강), 1994년 미국 월드컵 때는 홈팀 미국(16강), 1998 프랑스 월드컵 때는 나이지리아(16강) 등 4번 연속 16강에 진출시켜 '16강 청부사'라는 별명이 붙었었지만, 2002 한·일 월드컵 때는 중국 팀을 이끌고 본선에 올랐지만 3전 전패로 탈락했다.

독일의 헬무트 쇤 감독은 4번의 월드컵에서 4강 이상의 성적을 세 차례나 기록했다. 1966년 잉글랜드 월드컵(준우승), 1970년 멕시코 월드컵(3위) 1974년 서독 월드컵(우승), 1978년 아르헨티나 월드컵(6위) 등 네 차례 서독 팀을 이끌고 출전했었다.

네덜란드 거스 히딩크 감독은 두 대회 연속 4강에 올랐는데, 1998 프랑스 월드컵 때는 네덜란드, 2002 한·일 월드컵 때는 한국 팀을 차례로 4강으로 이끌었었다.

선수와 감독으로 월드컵 정상까지 올랐던 축구인은 3명 뿐이다.

브라질의 마리우 자갈루는 1958년 스웨덴 월드컵과 1962 칠레 월드컵 때는 선수, 1970년 멕시코 월드컵은 감독으로 우승을 차지했었다. 독일의 프란츠 베켄바워는 1974년 서독 월드컵은 선수, 1990년 이탈리아 월드컵은 감독으로 정상에 올랐고, 프랑스의 디디에 데샹은 1998년 프랑스 월드컵은 주장, 2018 러시아 월드컵은 감독으로 각각 월드컵을 품에 안았다.

월드컵 본선에 올랐으나 성적 부진 등의 이유로 중도 하차한 감독도 있었다.

1998년 6월 22일, 대한축구협회는 E조 2차전에서 거스 히딩크 감독이 이끌던 네덜란드에게 0대5로 대패를 당한 후 마르세유에서 한국 월드컵 대표팀의 차범근 감독을 중도에 경질하기로 의견을 모으고 차 감독에게 사의를 요구했으나 차 감독이 이를 거부하자 이날 파리에서 다시 회의를 갖고 차 감독을 퇴진시키기로 결정했다. 대한축구협회는 차 감독이 멕시코와의 첫 경기에 앞서 선수 관리 문제로 물의를 빚은 데다 네덜란드전에서도 무승부 작전을 펴는 등 선수 기용과 작전 구사에 큰 문제점을 드러냈다고 해임 이유를 밝혔었다.

당시 한국은 첫 경기에서 멕시코에 1대3 역전패, 두 번째 경기에서 네덜란드에 0대5 대패, 남은 벨기에전 결과와 상관없이 조 예선 탈락이 확정되었었다. 따라서 굳이 차 감독을 경질할 필요가 없었다.

결국 김평석 감독 대행이 한국 대표팀을 이끌어 벨기에와 1대1로 비겨 1무 2패로 탈락했다.

그에 앞서 1974년 서독 월드컵에 출전한 자이르의 유고 출신 메디치 감독도 중도에 경질되었었다.

또한 성적 부진으로 대회가 끝난 지 한 달 만에 귀국을 한 감독도 있었다.

1966년 잉글랜드 월드컵 때 월드컵 3연패를 노렸었던 브라질은 3조에서 불가리아와의 첫 경기는 펠레의 골로 2대0으로 이겼다. 그러나 불가리아 수비수들의 거친 플레이로 펠레가 부상을 당했다. 펠레가 빠진 브라질은 헝가리와의 2차전에서 1대3으로 패했다. 포르투갈과의 3차전에 부상에서 회복하지 못한 펠레를 무리하게 출전시켰으나, 포르투갈 수비들의 격렬한 태클에 또다시 부상을 당했고, 포르투갈은 에우제비오의 2골 등으로 브라질을 3대1로 제압했다.

브라질 팀을 이끌었었던 비센치 페올라 감독은 브라질이 헝가리와 포르투갈에 각각 1대3으로 패해 3조 예선에서 탈락하자, 국내 분위기가 가라앉기를 기다렸다가 대회가 끝난 지 한 달이 지나서야 슬며시 귀국을 해야 했다.

11. 역대 22명뿐인 월드컵 결승전 주심들

축구 선수들이 월드컵에서 뛰는 것이 가장 큰 목표라면, 축구 심판들은 월드컵 심판이 되는 것이 지상 최대의 목표일 것이다. 더구나 월드컵 결승전에서 주심을 맡아 본다는 것은 자신이 가문뿐만 아니라 소속 국가의 영광이기도 하다.

그런데 월드컵 본선 결승전 주심은 월드컵 축구 100년 가까운 역사에 14개국의 22명뿐이었다.

1회 우루과이 대회부터 22회 카타르 대회까지 한 번 이상 우승을 차지했었던 브라질, 독일, 이탈리아, 아르헨티나, 우루과이, 프랑스, 스페인, 잉글랜드 등 8개국 가운데는 우루과이만 빼놓고 7개 국가가 결승전 주심을 배출해 왔다. 축구 종주국 잉글랜드가 4명으로 가장 많고, 이탈리아가 3명 브라질, 아르헨티나, 프랑스가 각각 2명씩 배출했다.

2006 독일 월드컵과 2018 러시아 월드컵에서는 개막식과 결승전 주심이 같았다.

독일 월드컵에서는 개막식(독일 대 코스타리카)과 결승전(이탈리아 대 프랑스)을 모두 아르헨티나의 호라시오 엘리손도 주심이 맡았다. 러시아 월드컵에서는 개막식(러시아 대 사우디아라비아)과 결승전(프랑스 대 크로아티아)을 아르헨티나의 네스토르 피타나 주심이 주관 했다. 네스토르 피타나 주심은 2014 브라질 월드컵, 한국 대 러시아의 경기에서 주심을 보기도 했었다.

2022 카타르 월드컵은 유럽(프랑스)과 남미(아르헨티나) 팀이 결승전을 벌이게 돼서 유럽과 남미를 제외한 제3대륙 심판이 보게 되는 것이 아니냐는 의견이 있기도 했었지만 유럽(폴란드)의 시몬 마르치니아크 주심이 봤다.

이제까지 22번의 월드컵 결승전을 유럽이 15번, 중남미가 6번, 아프리카가 한 번을 봤다. 아시아, 오세아니아 주 심판은 한 명도 없었다.

1930년 1회 우루과이 월드컵 결승전(우루과이 대 아르헨티나) 주심은 벨기에의 장 랑게뉘 심판이 봤다.

장 랑게뉘 심판은 승마복 차림에 넥타이를 맨 다소 우수꽝스러운 복장으로 심판을 봤지만, 정확하고 단호한 판단으로 '축구 심판의 시조'로 추앙을 받고 있다.

1934년 2회 이탈리아 월드컵 결승전(이탈리아 대 체코슬로바키아) 주심은 스웨덴의 이반 에클린드 심판이 봤는데, 에클린드 심판은 축구뿐만 아니라 아이스하키 필드하키 심판을 겸한 '심판계의 팔방미인'이었다.

1938년 프랑스 월드컵 결승전(이탈리아 대 헝가리) 주심은 개최국 프랑스의 몽시외르 캅데비에 심판이 봤고, 1950년 브라질 월드컵의 실질적인 결승전 브라질 대 우루과이의 마지막 경기는 잉글랜드의 조지 리더 심판이 주관했다.

조지 리더 심판의 별명은 '대쪽'이었는데, 전반전을 0대0으로 비긴 후 브라질 측이 (자신을)매수하려는 움직임을 보이자 심판 대기실로 가지 않고 20만 가까운 관중이 지켜보는 그라운드에 그대로 남아서 휴식을 취한 후 후반전 심판을 봤는데, 결국 우루과이가 2대1로 역전승을 거뒀다.

1954년 스위스 월드컵 결승전(서독 대 헝가리) 주심은 역대 최장신(2m 2cm) 심판인 잉글랜드의 윌리엄 링 심판이었고, 1958년 스웨덴 월드컵 결승전(브라질 대 스웨덴) 주심은 프랑스의 모리스 프레데릭 두이구에 심판이었는데, 그는 경기가 끝난 후 "내가 축구 심판 생활을 30년 넘게 했는데, 선수에게 존경심을 느낀 것은 처음"이라면서 펠레의 플레이를 극찬했다.

1962 칠레 월드컵 결승전(브라질 대 칠레) 주심은 구소련의 니콜라이 라디체프 심판이었고, 1966년 잉글랜드 월드컵 결승전(서독 대 잉글랜드) 주심은 스위스의 고트프리트 딘스트 심판이었는데, 딘스트 심판은 2대2 상황에서 연장 전반 10분경 잉글랜드 허스트 선수의 슈팅이 크로스바를 맞고 수직으로 떨어진 공을 처음에는 노 골로 선언을 했다가, 선심 바하라모프의 말을

듣고는 골로 번복했다.

1970년 멕시코 월드컵 결승전(브라질 대 이탈리아) 주심은 독일의 루디 글뢰크너 심판이었는데, 두 팀 가운데 이긴 팀이 사상 처음으로 세 번 우승을 달성, 줄리메컵을 영구히 보유하게 되었기 때문에 주심의 책임감이 더욱 높았었던 결승전이었다.

1974년 서독 월드컵 결승전(서독 대 네덜란드) 주심은 잉글랜드 잭 테일러 심판이었고, 1978년 아르헨티나 월드컵 결승전(아르헨티나 대 네덜란드) 주심은 이탈리아의 고넬라 심판이었다.

고넬라 주심은 월드컵 역사상 최악의 심판으로 불리고 있다. 홈팀 아르헨티나의 로비에 굴복했는데, 네덜란드 선수들에게 무려 50개의 파울을 주었다.

1982년 스페인 월드컵 결승전(이탈리아 대 독일)은 브라질의 '아르날도 데이비드 세자르 쾰호(Arnaldo David Cézar Coelho)'라는 긴 이름의 심판이 남미 출신으로는 처음으로 결승전 심판을 봤다.

1986년 멕시코 월드컵 결승전(아르헨티나 대 서독)의 주심도 남미 출신 브라질의 필러 심판이 맡았다. 필러 심판은 기자들이 펠레와 마라도나를 비교해 달라고 하자 브라질 출신답게 "펠레가 축구의 신이라면, 마라도나는 축구의 교주일 뿐이다"라고 말했다.

1990년 이탈리아 월드컵(서독 대 아르헨티나)의 결승전 주심은 멕시코의 에드가르도 코데살 심판이 맡았는데, 코데살 심판은 당시 산부인과 의사였다. 1994년 미국 월드컵 결승전(브라질 대 이탈리아) 주심은 헝가리의 풀 샨드로 심판으로 당시 헝가리의 중소기업체 임원이었다.

1998년 프랑스 월드컵 결승전(프랑스 대 브라질) 주심은 사상 처음으로 아프리카 모로코의 벨콜라 심판이 주관했다.

2002 한·일 월드컵 결승전(브라질 대 독일) 주심은 이탈리아의 피에를루이지 콜리나 심판이었는데, 그는 머리숱이 하나도 없어서 '외계인'이라고도 불렸다.

2006 독일 월드컵 결승전(이탈리아 대 프랑스) 주심은 아르헨티나의 호라시오 엘리손도 심판에게 돌아갔다. 호라시오 엘리손도 심판은 한국 축구와도 악연(惡緣)이 있는데, 당시 G조 예선 한국 대 스위스전 주심을 보면서 스위스의 두 번째 골이 오프사이드로 의심을 받았는데, 그대로 골로 선언해 한국이 예선 탈락하는 데 결정적인 역할을 했다.

2010 남아공 월드컵 결승전(스페인 대 네덜란드) 주심은 2002 한·일 월드컵 때 주심 콜리나 심판처럼 머리숱이 하나도 없는 '빡빡 머리' 잉글랜드의 하워드 웹 주심이 맡았다. 하워드 웹 심판은 18살 때부터 축구 심판을 보기 시작한 '평생 직업이 심판'이었다.

2014 남아공 월드컵 결승전(아르헨티나 대 독일) 주심은 이탈리아의 건축가 출신 심판 니콜라 리촐리 심판이었고, 2018 러시아 월드컵 결승전(프랑스 대 크로아티아) 주심은 아르헨티나의 네스토르 피타나 씨였다.

2022 카타르 월드컵 결승전(아르헨티나 대 프랑스) 주심은 사상 처음으로 폴란드의 시몬 마르치니아크 심판이 맡았다. 당시 41세였던 마르치니아크는 2022 한·일 월드컵 결승전 주심 피에를루이지 콜리나 심판처럼 '대머리' 심판이었다.

12. 미국과 이란의 총성 없는 축구 전쟁

미국이 지난 2022년 11월 29일 카타르 도하의 앗수마마 스타디움에서 벌어진 2022 카타르 월드컵 조별리그 B조 3차전 이란과 경기에서 1대0 승리를 따내며 1승 2무를 기록, 조 2위로 16강에 진출했다.

미국은 후방에서 높게 차올린 롱 킥을 세르지뇨 데스트(AC밀란)가 머리로 연결했고, 문전으로 달려들던 주장 크리스티안 풀리시치(첼시)가 선제골을 넣었다

이로써 북중미의 다크호스 미국은 2010년 남아공 월드컵, 2014년 브라질 월드컵에서 연달아 조별리그를 통과한 뒤 8년 만에 다시 16강 무대를 밟게 됐다. 1998년 프랑스 월드컵에서 당한 이란에게의 패배를 24년 만에 설욕하기도 했다.

1980년부터 국교가 단절된 국제적으로 앙숙 관계에 놓여 있는 이란(1승 1패)과 미국(2무)이 가진 B조 3차전에서 이란은 이기거나 비기면 16강 진출, 미국은 반드시 이겨야 16강에 오를 수 있었는데, 미국이 이란을 꺾으면서 16강에 오른 것이다.

미국과 이란 두 나라는 주이란 미국 대사관 인질 사태, 이란 핵 문제, 미국의 드론 공격 등으로 계속해서 갈등을 빚어오고 있다.

카타르 월드컵 개막 직후 미국 대표팀 공식 사회관계망서비스(SNS)에서 이란 국기가 변형돼 게시되면서 갈등이 더욱 커졌다. 이를 계기로 이란은 미국을 국제축구연맹(FIFA)에서 퇴출해야 한다고 주장하는 계기가 됐다.

2022년 9월, 여대생 마흐사 아미니가 히잡 미착용을 이유로 체포됐다가 숨진 사건 때문에 이란 내 반정부 시위가 거센 가운데, 우크라이나를 침공한 러시아에게 이란의 군사적 지원 등의 이유로 '이란을 이번 월드컵에서 퇴출해야 한다'는 미국 등의 국제 여론이 일었었다.

이란과 미국은 카타르 월드컵 B조 3차전이 벌어지기 전까지 두 차례 만나 이란이 1승 1무로 우위를 보였었는데, 카타르 월드컵에서 미국이 이기면서 두 팀이 1승 1무 1패가 되었다.

1998년 프랑스 월드컵에서 F조 예선에서 이란이 미국에 2대 1로 이겼었고, 2000년 가졌었던 친선경기에서는 1대1로 비겼었다.

13. 1회 우루과이 월드컵에서 있었던 5가지 희귀한 장면

1930년 1회 우루과이 월드컵은 대회가 열리기 불과 1년 전에 개최가 확정 되었다.

1929년 바르셀로나 FIFA 총회는 "월드컵 축구대회는 1830년 독립이 된 우리나라(우루과이)가 독립 100주년 기념으로 1930년에 1회 대회를 개최하는 것이 맞다"고 주장한 우루과이 손을 들어주었다.

1회 대회는 원래 스페인, 네덜란드, 이탈리아를 비롯해서 '올림픽 축구가 있는데 굳이 월드컵 축구대회를 따로 개최하는 것이 맞지 않는다'며 반대를 했었던 스웨덴 등 유럽의 4개국이 경합을 벌였으나 '새가 돌아오는 강'이라는 뜻의 우루과이에게로 행운이 날아든 것이다.

우루과이는 '독립 100주년' 말고도, 1924년 파리 올림픽, 1928년 암스테르담 올림픽 축구에서 금메달을 2연패 할 정도로 세계에서 축구가 가장 강했고, 참가국들에게 여비와 체재비까지 부담한다는 조건을 내세웠었다.

1회 우루과이 월드컵 축구대회는 '월드컵'이라는 지구촌 최대의 스포츠 이벤트임에도 불구하고 대회 개최가 개막을 1년도 채 남겨놓지 않고 확정되었기 때문에 갖가지 부작용이 생겼다.

첫 번째는 주 경기장인 7만 명을 수용할 수 있는 센테나리오 경기장이 대회 개막(7월 12일) 6일 후인 7월 18일, 3조 홈팀 우루과이의 첫 경기인 페루전을 앞두고 가까스로 완공되었다는 것이다.

우루과이는 약체 페루에게 고전을 하다가 후반 43분 카스트로의 결승골로 1대0으로 겨우 이겼다.

두 번째, 개최국이 개막전에 출전하지 못했다. 1회 우루과이 월드컵은 7월 13일 개막했지만, 7월 14일이 프랑스 대혁명 기념일이었기 때문에 개막전을 프랑스(대 멕시코)가 갖게 되었다.

세 번째, 월드컵 사상 처음이자 마지막으로 포지션 교체가 있었다.

1조 프랑스 대 멕시코전에서는 전반 10분경 멕시코의 메히야 선수가 프랑스의 데포 골키퍼의 턱뼈를 부러트려 들것에 실려 나갔다.

당시는 부상 선수가 나와도 선수 교체를 할 수 없었기 때문에 프랑스는 10명이 싸워야 했지만, 골키퍼 없이 경기를 치를 수 없었다. 그래서 레프트하프 샹트렐이 자신의 포지션을 포기하고 골키퍼를 봐야 했다.

프랑스는 10명이 싸우는 불리함을 극복하고 멕시코를 4대1로 완파하고 월드컵 사상 첫 번째 승리를 거머쥐었다.

네 번째, 월드컵 사상 유일하게 '단축 경기'를 할 뻔했다.

7월 15일, 우승 후보 프랑스 대 아르헨티나의 경기에서 아르헨티나의 몬티 선수가 후반 36분경 첫 골을 터트려 1대0으로 앞서 나갔다.

그 후 프랑스가 거세게 반격을 하기 시작해 후반 39분경 프랑스의 센터포드 란지에르가 노마크 찬스에서 강슛을 날리려는 순간, 주심이 경기 종료 휘슬을 불었다. 그것도 강하게 세 차례 불었다.

아르헨티나 관중들이 경기장 안으로 쏟아져 들어와서 선수들을 행가래 쳤지만, 유럽에서 날아온 프랑스 관중들은 주심에게 경기가 6분이나 남았다며 거세게 항의를 했다.

브라질의 길베르토 드 알메이다 주심은 선심을 불러 모아 상의를 한 끝에 자신의 잘못을 인정하고, 선수들을 불러들여 다시 경기를 재개 시켰다. 그러나 이미 땀이 식은 프랑스(아르헨티나) 선수들은 더 이상 골 찬스를 만들어 내지 못하고 1대0으로 패했다.

아르헨티나 대 프랑스 전은, 월드컵 역사상 퇴장을 한 선수들을 다시 불러 모아 나머지 시간 동안 재경기를 한 처음이자 마지막 경기였다.

다섯 번째, 7월 19일 아르헨티나 대 멕시코전을 앞두고 아르헨티나의 센터포드 페레이라가 학기말 시험을 치러야 한다며 아르헨티나로 돌아갔다.

시험을 치르기 위해 팀을 이탈한 페레이라도 물건이었지만, 시험을 치른 후 곧바로 돌아온다는 약속을 받아내고 보내준 아르헨티나 팀도 대단했다.

아르헨티나는 페레이라의 공백을 메우기 위해 당시 고등학교 3학년생 스타빌레를 급히 데려왔다.

스타빌레는 그 경기에서 월드컵 사상 최초로 '해트트릭'을 기록하는 대박을 터트렸고, 아르헨티나는 스타빌레의 맹활약으로 멕시코를 6대3으로 완파하고 조 1위로 준결승전에 올랐다.

뒤늦게 합류한 스타빌레는 1회 대회에서 8골로 득점왕에 올랐다.

14. 2022 카타르 월드컵 신기록 진기록

 2022년 11월 21일부터 12월 19일까지 한 달 동안 지구촌을 뜨겁게 달궜던 2022 카타르 월드컵이 프랑스 대 아르헨티나의 결승전을 끝으로 막을 내렸다. 카타르 월드컵은 1930년 1회 우루과이 대회부터 22번째 대회였다.

 그러면 카타르 월드컵에서 어떤 기록들이 나왔는지 알아보자.

 스페인 출신의 마테우 라오스 심판은 한 경기에 무려 18장의 옐로카드를 꺼내 들어서 화제를 모았었다.

 마테우 라오스 심판은 지난 12월 9일 아르헨티나와 네덜란드의 8강전에서 옐로카드를 남발해 논란이 된 바 있다.

 당시 그는 해당 경기에서 아르헨티나에 10장, 네덜란드에 8장의 옐로카드를 꺼내들었다. 이는 월드컵 역사상 한 경기 최다 경고 기록이었다.

 경기가 끝난 직후 아르헨티나의 주장 리오넬 메시는 언론과의 인터뷰에서 "FIFA는 뭔가 해야 한다. 그런 심판을 경기장에 있게 할 수 없다"고 분을 참지 못했다.

 국제축구연맹(FIFA)은 아르헨티나와 네덜란드의 8강전을 끝으로 마테우 심판을 퇴출시켜 스페인으로 돌려보냈다.

개최국 카타르는 월드컵 역사상 처음으로 에콰도르와의 개막전에서 0대2로 패했다. 카타르는 세네갈과 2차전에서도 1대 3으로 졌고, 네덜란드와의 3차전도 0대2로 패해 개최국으로는 처음으로 승점 1점도 따내지 못하고 3전 전패로 16강 진출에 실패했다.

2010 남아공 월드컵 개최국 남아공은 멕시코와 개막전에서 1대1로 비긴 후 2차전에서 우루과이에 0대3으로 패했다. 그러나 3차전에서 프랑스를 2대1로 잡아 1승 1무 1패로 승점 4점을 얻었지만 멕시코(+2)에게 골 득실(남아공 -1)에 밀려 개최국 최초로 16강 진출에 실패했었다.

11월 22일, C조 조별리그 첫 경기에서 아르헨티나가 사우디아라비아에 1대2로 역전패를 당해 카타르 월드컵 첫 번째 이변이 일어났다. 그런데 아르헨티나가 넣은 3골이 이번 대회에 새로 도입한 반자동 오프사이드 시스템(SAOT)에 의해 노골로 선언되었는데, 월드컵 본선에서 한 팀이 3골을 취소당한 것은 처음 있는 일이었다.

포르투갈의 크리스티아누 호날두는 월드컵 다섯 대회 연속 득점의 새 기록을 세웠다.

호날두는 11월 25일(한국시간) '스타디움 974'에서 벌어진 포르투갈 대 가나의 조별리그 H조 1차전에서 후반 19분 페널티

지역을 돌파하는 상황에서 가나 수비수 살리수와 충돌 후 넘어졌고, 주심은 페널티킥을 선언했다.

호날두는 자신이 얻은 페널티킥을 직접 차 넣었다. 종전 4개 대회 연속 득점 기록은 호날두와 함께 브라질의 펠레, 우베 젤러, 미로슬라프 클로제(이상 독일) 등 4명이 공동으로 갖고 있었다.

프랑스의 킬리안 음바페(1998년 12월생)는 만 23세로 월드컵 본선에서 9골을 넣었다.

월드컵 사상 최초로 5개 대륙 국가들이 모두 16강에 올랐다. 아시아(한국·일본), 오세아니아(호주·AFC 소속), 북아메리카(미국), 아프리카(세네갈·모로코), 남미(브라질·아르헨티나), 유럽(프랑스·네덜란드·잉글랜드·크로아티아·폴란드·포르투갈·스페인·스위스) 등이다.

한국도 새 기록을 세웠다. 조규성 선수는 11월 28일 카타르 알라이얀 에듀케이션 시티 스타디움에서 벌어진 가나전에서 헤더로만 두 골을 넣어서, 아시아 선수 최초로 헤더로 한 경기 두 골을 넣은 선수가 되었다.

한국은 월드컵 본선 최초로 A조부터 H조까지 8개 조를 두루 경험한 유일한 국가이기도 하다.

한국은 1954년 스위스 월드컵에서는 2조(당시는 1~4조)에 편성되었었다.

1986년 멕시코 월드컵 A조, 1990년 이탈리아 월드컵 E조,

1994년 미국 월드컵 C조, 1998년 프랑스 월드컵 E조, 2002 한·일 월드컵 D조, 2006 독일 월드컵 G조, 2010 남아공 월드컵 B조, 2014 브라질 월드컵 H조에 속해 이제 F조만 남겨놓았었는데, 2018 러시아 월드컵에서 F조에 속해 8개조에 두루 편성되었고, 2022 카타르 월드컵에서 2014 브라질 월드컵과 같이 H조에 속했다.

제3장

월드컵 축구와 골

제3장

월드컵 축구와 골

1. 월드컵 역대 최다골은 독일 미로슬라프 클로제의 16골

   월드컵 역사상 가장 많은 골을 넣은 선수는 독일의 폭격기 미로슬라프 클로제의 16골이다.

   클로제는 2002 한·일 월드컵(5골), 2006 독일 월드컵(5골), 2010 남아공 월드컵(4골), 2014 브라질 월드컵(2골) 등 4대회 연속 출전해서 모두 16골을 터트렸다.

   독일 국가대표로는 137경기에 출전 71골을 넣었다.

   2002 한·일 월드컵 실버슈, 2006 독일 월드컵 골든슈를 수상했고, 2014 브라질 월드컵 독일 우승 멤버다.

   2002 한·일 월드컵에서 독일이 사우디아라비아를 8대0으로

대파했는데, 클로제가 헤더로 해트트릭을 기록했다.

클로제는 월드컵 역사상 우승(2014 남아공), 준우승(2002 한·일 월드컵), 3위(2006 독일, 2010 남아공)를 모두 차지했던 유일한 선수이기도 하다.

2. 프랑스의 킬리안 음바페 월드컵 최다골 도전

프랑스의 킬리안 음바페가 2026 북중미 월드컵에서 월드컵 최다골에 도전한다.

음바페는 지난 2018 러시아 월드컵에서 4골, 2022 카타르 월드컵에서 8골(득점왕, 골든부트)을 넣어 12골을 기록하고 있다. 역대 월드컵 최다골인 독일의 미로슬라프 클로제(16골)에 4골 차로 다가서 있다. 이제 5골만 더 넣으면 월드컵 최다골을 달성하게 된다.

2026 북중미 월드컵에 프랑스가 본선에 오를 가능성은 거의 100퍼센트에 가깝다. 프랑스의 전력이 막강할 뿐만 아니라 본선 진출 팀이 종전 32개국에서 50퍼센트가 더 늘어난 48개국이 되기 때문이다.

따라서 프랑스가 4강 이상 오른다면 예선부터 결승전(또는 3·4위전까지) 8경기를 치르는 동안 적어도 5골 이상을 넣을 가능성이 높아서 (최다골)기록 경신이 유력하다.

음바페는 프랑스의 축구 대표 공격수이자, 파리 생제르맹의 스트라이커이고, 세계 최고의 몸값(1억 6,000만 유로, 2,220억 원)을 자랑하는 선수다.

음바페는 지난 2018 러시아 월드컵에서 '영 플레이어 상'을 받았다. 또한 4골이나 넣으면서 월드컵 우승컵까지 들어 올렸었다.

  프랑스 리그 1에서는 2018년부터 2022 시즌까지 4시즌 연속 득점왕을 차지했다. 2022/2023 시즌에는 도움왕까지 차지해 2관왕에 오르기도 했다.

  음바페는 러시아 월드컵과 카타르 월드컵 등 2번의 대회에서 브라질의 축구 영웅 펠레(만 24세 이전에 7골)를 넘어서 '만 24세'가 되기 전에 월드컵에서 '12골'을 넣은 최초의 선수로 기록됐다.

  음바페는 시속 36km 안팎의 파워 넘치는 드리블, 날카로운 후방 침투, 유럽 선수로는 드물게 양발을 모두 사용하며, 강력하고 정교한 슈팅력까지 갖췄다. 드리블을 할 때는 시저스 페인트, 더블터치, 차프턴 등 고난도 기술을 자유자재로 구사한다.

3. 월드컵 최고령 해트트릭은 크리스티아누 호날두

국제축구연맹(FIFA) 홈페이지는 지난 2014년 11월 11일(한국시간) 월드컵 해트트릭 제1호를 아르헨티나의 기예르모 스타빌레에서 미국의 버트 페이트노드로 변경한 조사 결과를 발표했다. FIFA는 그동안 1930년 7월 19일 열린 1회 우루과이 월드컵 아르헨티나-멕시코 조별리그 경기에서 세 골을 터뜨린 스타빌레를 첫 해트트릭의 주인공으로 인정해 왔었다.

아르헨티나는 당시 스타빌레의 활약에 힘입어 멕시코를 6대3으로 이겼다. 그러나 미국 축구연맹이 장기간에 걸쳐 수집한 증거 자료를 분석, 조사한 결과 스타빌레의 해트트릭이 나오기 이틀 전인 그해 7월 17일 미국의 페이트노드가 파라과이전에서 세 골을 넣었다는 것을 입증했고, FIFA가 이를 받아들였다.

월드컵 역사에는 파라과이의 곤잘레스가 미국전 전반 15분 자책골을 기록한 것으로 되어 있는데, 그 골이 페이트노드의 골이라는 것을 인정한 것이다. 그 전까지 월드컵 역사에는 페이트노드는 전반 10분, 후반 5분에 2골을 넣어 미국이 3대0으로 이긴 것으로 되어 있었다.

따라서 월드컵 최초의 해트트릭은 1930년 7월 17일 우루과이 월드컵 4조 미국 대 파라과이전에서 미국의 페이트노드가 기록했고, 7월 19일 1조 아르헨티나 대 멕시코전에서 나온 스타빌레의 해트트릭은 두 번째 해트트릭으로 정정 되었다.(아르헨티나 6대3 승).

2018년 6월 16일 러시아 소치 피시트 올림픽 스타디움에서 포르투갈 대 스페인의 러시아 월드컵 B조 조별리그 1차전에서 포르투갈의 크리스티아누 호날두가 해트트릭을 기록했다. 호날두는 전반 4분 페널티킥 골로 첫 골을 터트렸고, 전반 44분, 후반 44분에 각각 두 번째, 세 번째 골을 터트렸다. 경기는 3대3 무승부로 끝났다.

당시 호날두는 1985년 2월 5일생으로 33세 131일, 월드컵 역대 최고령 해트트릭 선수로 기록됐다.

4. 월드컵 결승전 '결승골'의 주인공들

1930년 1회 우루과이 월드컵부터 2022 카타르 월드컵까지 22번의 월드컵에서 2,718골이 나왔다.

2,718골 가운데 가장 값진 '결승전 결승골'은 겨우 19골(3번은 무승부로 승부차기) 뿐이다.

월드컵 본선에서 골을 넣기도 어려운데, 결승전에서 결승골을 넣을 확률은 더욱 희박하다. 0.047퍼센트밖에 안 된다.

그러면 지난 22차례의 월드컵 결승전에서 결승골을 넣은 선수들은 누구인가?

1930년 1회 우루과이 월드컵 결승전은 홈팀 우루과이가 이웃 나라인 아르헨티나를 4대2로 꺾고 우승을 차지했다.

결승골은 2대2 상황에서 후반 29분 이리아르테 선수가 3대2 역전골이자 결승골을 터트렸고, 그 후 경기종료 직전 카스트로가 쐐기골을 터트려 4대2로 이겼다.

1934년 이탈리아 월드컵 결승전은 개최국 이탈리아가 체코슬로바키아를 2대1로 제압하고 우승을 차지했다.

1대1 상황에서 연장 전반 15분, 이탈리아의 스키아비오 선수가 구아비타의 어시스트를 받아 수비 한 명과 플라니아 골키퍼까지 제치고 결승골을 터트렸다.

1938년 프랑스 월드컵 결승전에서는 이탈리아가 헝가리를 4대2로 제압하고 월드컵 2연패에 성공했다.

1대1 상황에서 전반 16분 피올라 선수가 콜라우시의 어시스트를 받아 결승골을 터트렸다.

1950년 브라질 월드컵은 스웨덴, 스페인, 우루과이, 브라질 등 4개국이 각조 1위가 되어 4팀이 결승리그를 벌였는데, 우루과이(1승 1무)와 브라질(2승)이 실질적인 결승전을 벌였다.

브라질은 비기기만 해도 우승을 차지할 수 있었고, 후반 3분경 프리아사 선수가 첫 골을 넣어 앞서 나갔지만, 후반 22분 우루과이의 스치아피노 선수가 동점골을 터트렸고, 후반 34분 기지아 선수가 터치라인 부근부터 단독 드리블로 치고 들어가서 결승골을 성공시켜 거함 브라질을 침몰시켰다.

1954년 스위스 월드컵 결승전에서는 서독이 헝가리를 3대2로 꺾고 우승을 차지했는데, 2대2에서 후반 39분 란 선수의 결승골이 터졌고, 1958년 스웨덴 월드컵은 브라질이 홈팀 스웨덴을 5대2로 제압해 우승을 차지했는데, 1대1에서 전반 11분경, 펠레의 결승골이 나왔다.

1962년 칠레 월드컵에서는 브라질이 체코슬로바키아를 3대1로 꺾고 월드컵 2연패에 성공했는데, 1대1 상황에서 후반 25분 아마릴도의 어시스트를 지토가 헤더골로 연결했다.

1966년 잉글랜드 월드컵은 개최국 잉글랜드가 서독을 4대2로 꺾고 우승을 차지했는데, 2대2 상황에서 연장 전반 10분 허스트의 슛이 크로스바를 맞고 수직으로 떨어진 것을 수비가 차냈는데, 스위스인 딘스트 주심이 구소련 바하라모프 부심과 협의를 한 끝에 골로 인정했다. 그 골은 월드컵 역사상 가장 큰 논란이 되는 골이 되었는데, 지금처럼 비디오 판독이 있었다면 전혀 문제가 되지 않는 골이었다.

1970년 멕시코 월드컵 결승전은 브라질이 이탈리아를 4대1로 대파했는데, 1대1 상황에서 후반 21분 자일징요가 페널티에어리어까지 드리블로 파고들다가 게르손에게 어시스트, 게르손이 결승골을 터트렸다.

1974년 서독 월드컵에서는 개최국 서독이 네덜란드를 2대1로 제압했는데, 1대1 상황에서 전반 43분 본회퍼의 크로스를 게르트 뮐러가 받아 논스톱 슛을 성공시켰다.

1978년 아르헨티나 월드컵은 개최국 아르헨티나가 네덜란드를 3대1로 꺾고 첫 우승을 차지했다. 1대1에서 연장 전반 14분 마리오 캠퍼스 선수가 화려한 드리블로 3명의 수비와 용블로 골키퍼까지 제치고 결승골을 터트렸다.

1982년 스페인 월드컵은 이탈리아가 서독을 3대1로 제압하고 우승을 차지했다. 0대0 상황에서 후반 12분 겐틸레의 어시스트를 받아 로시가 다이빙 헤더골을 성공시켰다.

1986년 멕시코 월드컵 결승전에서는 아르헨티나가 서독을 3 대2로 꺾고 두 번째 우승을 차지했다. 2대2 상황에서 후반 39분 마라도나의 패스를 받아 부루차가가 결승골을 터트렸는데, 마라도나가 펠레급 선수로 격상되는 순간이기도 했다.

1990년 이탈리아 월드컵에서는 서독이 아르헨티나를 1대0으로 꺾고 우승을 차지했는데, 후반 39분경 아르헨티나의 센시니가 서독의 푈러에게 강한 태클을 해서 PK를 내주었고, 브레메가 PK 결승골을 성공시켰다.

1994년 미국 월드컵은 브라질과 이탈리아가 연장전까지 120분 동안의 혈투를 벌였으나 0대0으로 끝났다. 승부차기 2대2 상황에서 둥가가 골을 성공시켜 비록 필드골은 아니지만 승부차기 결승골을 터트린 셈이었다.

1998년 프랑스 월드컵 결승전은 개최국 프랑스가 축구의 나라 브라질에게 3대0 완승을 거뒀다. 0대0 상황에서 전반 27분 지네딘 지단의 결승골이 터졌다.

2002 한·일 월드컵에서는 브라질이 독일을 2대0으로 꺾고 5번째 우승을 차지했다. 결승골은 후반 22분 호나우두가 터트렸다.

2006 독일 월드컵에서는 이탈리아가 개최국 독일을 연장 접

전 끝에 2대0으로 이겼다. 연장 후반 14분 파비오 그로소가 결승골을 터트렸다.

2010 남아공 월드컵은 스페인이 네덜란드를 1대0 꺾고 첫 우승을 차지했다. 연장 후반 11분 파브레가스의 키 패스를 받아 안드레스 이니에스타가 결승골을 넣었다.

2014 브라질 월드컵은 독일이 아르헨티나를 1대0으로 제압하고 4번째 우승을 차지했다. 결승골은 연장 후반 8분경, 세를레의 크로스를 후반 교체로 들어온 괴체가 가슴으로 볼을 트래핑한 후 논스톱 왼발 슛을 성공 시켰다.

2018 러시아 월드컵은 프랑스가 크로아티아를 4대2로 제압하고 두 번째 우승을 차지했다. 1대1 상황에서 전반 38분경 그리즈만의 코너킥이 페리시의 손에 맞아 PK를 허용했고, 그리즈만이 PK 결승골을 성공 시켰다.

2022 카타르 월드컵 프랑스 대 아르헨티나 결승전의 결승골의 주인공은 없었다. 전, 후반 90분 동안 2대2로 무승부를 기록했고, 연장전에서 한 골씩을 주고받아 3대3으로 비겼기 때문이다. 승부는 승부차기로 가려져 아르헨티나가 우승을 차지했다.

5. 월드컵 결승전 '클린시트'의 골리들

월드컵 결승전에서 결승골을 넣은 필드 플레이어가 있었다
면, 월드컵 결승전에서 상대팀의 거센 공격을 무실점으로 막아
내는 '클린시트' 골키퍼도 있었다.

'클린시트'는 축구에서는 무실점으로 승리한 경기들을 뜻한다.

영어로는 클린 시트(Clean Sheet)라고 표기 한다. 여기서 시트
(Sheet)는 '기록지'를 뜻하며 예전에 축구 경기 결과를 기록지에
기재했을 때 무실점이면 그 팀의 실점 기록란이 백지로 남게 되
기 때문에 붙은 이름이다.

클린시트는 일단 전, 후반 90분 동안 무실점이면 기록된다.
연장전에서 골을 허용하는 것은 별개 사항이다.

월드컵 결승전 골키퍼는 '선택된 골키퍼'들만 설 수 있는 자리다.

역대 월드컵 결승전에서 '클린시트'를 기록한 골키퍼는 불과
9명뿐이다.

역대 세계 최고의 골키퍼 구소련의 고 야신도 월드컵 결승전
'클린시트'의 영광을 누리지 못했다. 야신에 버금가는 잉글랜드
의 고든 뱅크스 골키퍼도 1966년 잉글랜드 월드컵 결승전에서 우
승을 차지하기는 했지만 상대팀인 서독에게 2골을 허용했었다.

그러면 어떤 골키퍼들이 월드컵 결승전 클린시트를 기록했을까?

최초의 월드컵 결승전 클린시트의 주인공은 1990년 이탈리아 월드컵 서독의 일크너 골키퍼다.

1990년 7월 8일 로마 올림픽스타디움(73,603명)에서 벌어진 서독 대 아르헨티나의 결승전에서 서독의 일크너 골키퍼가 90분 동안 마라도나, 부루차가 등이 포함된 아르헨티나의 파상공격을 무실점으로 막아 1대0 승리를 이끌었다. 당시 서독은 마테우스, 크리스만 등이 주요멤버였었다.

1994년 미국 월드컵 결승전은 1994년 7월 17일 LA 로즈보올 스타디움(94,194)에서 벌어졌는데, 브라질과 이탈리아는 전, 후반 90분과 연장전 30분 등 120분 동안 0대0으로 비긴 후 승부차기로 우승팀을 가렸기 때문에 당시 브라질과 이탈리아 골키퍼는 모두 클린시트를 기록한 셈이다.

당시 브라질의 타파렐 골키퍼는 이탈리아의 말디니, 로베르토 바죠, 디노 바죠, 알베르티니의 공격을 잘 막아냈고, 이탈리아의 파글리우카 골키퍼는 브라질의 조르징요, 카푸, 둥가, 베베토의 빌드 업을 120분 동안이나 무실점으로 막아냈다.

1998년 프랑스 월드컵 결승전은 1998년 7월 12일 생드니의 스타드 드 프랑스(80,000)에서 벌어져 홈팀 프랑스가 5번째 우승을 노리던 브라질을 3대0으로 완파하고 우승을 차지했다.

당시 프랑스의 파비앙 바르테즈 골키퍼는 브라질의 카푸, 카를루스, 히바우두, 둥가, 호나우두, 베베투의 파상적인 공격을 90분 동안 무실점으로 막아내며 프랑스의 월드컵 첫 우승을 이끌어 냈다.

2002, 한·일 월드컵 결승전은 일본 요코하마시 요코하마 국립경기장(69,029)에서 벌어졌다. 브라질이 독일을 2대0으로 물리치고 통산 5번째 월드컵 정상에 올랐다.

브라질의 마르쿠스 골키퍼는 독일의 클로제, 링케, 슈나이더 등의 파상적인 빌드업을 90분 내내 무실점으로 막아냈다. 당시 세계 최고의 골키퍼로 인정을 받았었던 독일의 올리버 칸은 브라질의 호나우두에게 2골을 내주고 말았다.

2010 남아공 월드컵 결승전은 7월 11일 요하네스버그 사커 시티 스타디움(84,490)에서 벌어졌다.

티키타카 축구의 스페인이 네덜란드를 연장 접전 끝에 1대0으로 물리치고 사상 처음 월드컵 정상에 올랐다.

스페인의 이케르 카시야스 골키퍼는 네덜란드의 더용, 로번, 스네이더르, 반 페르시 등의 빌드업 공격을 120분 동안 무득점으로 막아냈고, 네덜란드의 마르턴 스테켈렌뷔르흐 골키퍼도 90분 동안 스페인의 푸욜, 피케, 이니에스타, 비야 등의 파상적인 티키타카를 막아내다가 연장전에서 무너졌다.

2014 브라질 월드컵 결승전은 7월 13일 리우데자네이루 마라카냥 스타디움(74,738)에서 벌어졌다.

독일이 아르헨티나와 연장전을 벌인 끝에 1대0으로 이겨 사상 네 번째 우승을 차지했다.

독일의 마누엘 노이어 골키퍼는 아르헨티나의 이과인, 마스체라노, 라베시 그리고 세계 축구 역사상 최고의 선수 가운데 하나인 리오넬 메시의 공격을 120분 동안 한 점도 내주지 않고 잘 막아냈다. 그러나 아르헨티나의 세르히오 로메로 골키퍼는 90분 동안의 잘 버텼지만, 연장전 후반 8분 독일의 마리오 괴체에게 통한의 한 골을 내주고 말았다.

2018 러시아 월드컵은 프랑스가 크로아티아를 4대2로 꺾고 우승을 차지해 두 팀 골키퍼들이 모두 클린시트를 기록하지 못했었다.

2022 카타르 월드컵도 아르헨티나와 프랑스가 전, 후반 90분 동안 2대2 무승부(연장전 까지 3대3)를 기록해 두 팀 골키퍼들이 클린시트를 기록하지 못했다.

6. 역대 월드컵 득점왕(골든부트) 수상자들

월드컵 개인상은 최우수 선수(골든볼)와 득점왕(골든부트)에게 주어지는 상이 가장 영광스러운 상이다.

1930년 1회 우루과이 월드컵부터 2022년 22회 카타르 월드컵 까지 득점왕이 모두 27명 배출되었다.

공동 득점왕이 나오지 않게 '타이브레이커' 제도가 도입되기 전인 1962년 칠레 월드컵에서 공동 득점왕이 5명이 배출되었었고, 1994년 미국 월드컵에서도 공동 득점왕이 나왔기 때문이다.

22번의 대회 가운데 득점왕을 차지한 나라가 우승을 한 경우는 단 4차례뿐이다.

1962년 칠레 월드컵에서 우승을 차지한 브라질의 가린샤와 바바가 4골로 공동 득점왕을 차지했고, 1978년 아르헨티나 월드컵, 역시 우승을 차지한 아르헨티나의 마리오 켐페스(6골), 1982년 스페인 월드컵 우승팀 이탈리아의 파올로 로시(6골), 2002 한·일 월드컵 우승팀 브라질의 호나우두(8골) 등 4번이었다.

득점왕이 팀을 우승으로 이끌 확률은 겨우 18퍼센트에 지나지 않는 셈이다.

또한 22차례 득점왕 가운데 6골로 득점왕을 차지한 선수가 무려 36퍼센트인 8명이나 되고, 두 자릿수 득점왕은 서독의 게르트 뮐러(10골, 1970년 멕시코), 프랑스의 쥐스트 퐁텐(13골, 1958년 스웨덴) 헝가리의 산도르 코지시스(11골, 1954년 스위스) 단 3명뿐이었다.

1회 우루과이 대회 득점왕 아르헨티나의 스타빌레는 8골을 넣었지만 팀은 준우승에 머물렀다.

스타빌레는 역대 득점왕 가운데 유일하게 월드컵에서 치른 멕시코, 칠레, 미국, 우루과이 전 4경기가 자신의 유일한 A매치였다.

1938년 프랑스 대회 득점왕 브라질의 레오니다스(7골)는 팀이 겨우 4강에 그쳤고, 1950년 브라질 대회 득점왕 아데미르(브라질 9골)도 역시 준우승밖에 못했다.

1954년 스위스 월드컵, 헝가리의 코지시스(11골)도 준우승, 1958년 스웨덴 월드컵 대회에서는 프랑스의 퐁텐이 사상 최다 골(13골)을 넣었지만 프랑스는 4강에 머물렀다. 1962년 칠레 월드컵은 사상 최다 득점왕들이 나왔다. 헝가리의 플로리안 알베르트, 구소련의 발렌틴 이바노프, 브라질의 가린샤와 바바, 유고슬라비아의 드라찬 에르코비치 등 5명의 선수가 각각 4골씩을 넣어 공동 득점왕에 올랐다. 그 대회는 브라질이 우승을 차지해 처음으로 우승팀에서 득점왕이 나왔다.

1966 잉글랜드 월드컵, 포르투갈의 에우제비오(9골), 1970년 멕시코 월드컵 서독의 게르트 뮐러(10골), 1974년 서독 월드컵 그제고시 라토(폴란드 7골)까지 팀을 우승시키지 못하다가 1978년 아르헨티나 월드컵 때 아르헨티나의 마리오 켐페스(6골)가 팀을 우승까지 끌어올렸다.

아르헨티나는 1978년 마리오 켐페스, 1988년 디에고 마라도나, 2022년 리오넬 메시 등 '역대 아르헨티나 축구의 3대 영웅'에 의해 3번의 월드컵에서 정상에 올랐다.

1982년 스페인 월드컵 때 이탈리아의 파울로 로시(6골)가 득점왕에 오르면서 팀을 우승시켰고, 1986년 멕시코 대회 게리 리네커(잉글랜드 6골), 1990 이탈리아 대회 이탈리아의 살바토레 스킬라치(6골), 1994년 미국 대회 불가리아의 흐리스토 스토이치코프, 러시아의 올레그 살렌코(이상 6골)가 공동 득점왕을 차지했는데, 올레그 살렌코의 러시아는 조별 예선을 통과하지도 못했다.

1998년 프랑스 월드컵 다보르 슈케르(크로아티아 6골), 2002 한·일 월드컵 때 4번째이자 마지막으로 우승팀 브라질에서 득점왕이 나왔는데, 브라질의 호나우두(8골)였다.

2006 독일 월드컵 미로슬라프 클로제(독일 5골), 2010 남아공 월드컵 때는 네덜란드 베슬레이 스네이더르, 독일의 토마스 뮐

러, 스페인의 다비드 비야 우루과이의 디에고 포를란 등 4명의 선수가 모두 5골씩 넣었지만 '타이브레이커 규정'에 의해 도움 3개를 기록한 토마스 뮐러에게 '골든부트'가 돌아갔다.

2014 브라질 월드컵 대회, 콜롬비아의 하메스 로드리게스는 5경기 연속 골(6골)을 넣었지만 팀이 8강에서 탈락했고, 2018 러시아 월드컵은 해리 케인(잉글랜드 6골), 2022 카타르 월드컵은 프랑스의 킬리안 음바페(8골)가 각각 '골든부트'를 받았다.

7. 월드컵 한 대회 13골 기록한 쥐스트 퐁텐

　골은 축구의 전부라고 해도 좋을 정도로 많은 부분을 차지한다. 하지만 골도 골 나름이다. 조기축구와 국가대표팀 간 경기에서의 골의 가치는 하늘과 땅 차이다. 또한 국가대표팀 경기 즉 A매치의 골도 친선경기나 지역 대회와 월드컵에서의 골의 값어치는 천양지차(天壤之差)다.

　지구촌 모든 축구 선수들의 꿈은 월드컵 무대에서 골을 터트리는 것이다. 그러나 모든 나라가 총력전을 펴는 월드컵에서의 골은 만만치가 않다. 아시아 최고의 골게터라는 차범근은 86년 멕시코 월드컵에 나가 3경기에 출전했지만 골맛을 보지 못했고, 생애 통산 1,200골을 터트렸다는 펠레도 월드컵에서는 4대회에 연속해서 출전해 12골밖에 넣지 못했다. 그런데 불과 한 대회에 출전해서 13골을 터트린 신이 내린 골게터가 있다. 바로 프랑스의 퐁텐 선수다.

　퐁텐은 제6회 스웨덴 월드컵에 출전해 6경기에서 13골을 넣는 그야말로 불멸의 골 퍼레이드를 벌였다.

　제6회 월드컵 축구대회는 1958년 6월. 북유럽에 위치한 백야의 나라 스웨덴에서 벌어졌다.

    51개국이 예선에 참가한 이 대회는 1954년 스위스 월드컵 우승국 서독과 개최국 스웨덴이 자동 출전했고 나머지 14개국 등 16개국이 4개조로 나뉘어 예선 리그를 벌였다.

    이 대회는 월드컵 역사상 갖가지 의미 있는 대회로 기록됐다.

    우선 지난 5회 스위스 월드컵에 이어 중립국에서 열렸고, 1회 대회 이후 월드컵 무대에서 사라졌던 아르헨티나가 1회 대회 득점왕 스타빌레(8골)를 사령탑으로 해서 다시 나타났다. 그리고 1956년 멜버른 올림픽 축구 금메달 국가 구소련이 처음 월드컵 무대에 선을 보였고, 영연방 4개국 잉글랜드, 북아일랜드, 스코틀랜드, 웨일스 등 4나라가 모두 출전했다. 그리고 '에드손·아란테스도·나시멘토'란 긴 이름의 17세 소년이 출전했다. 그가 바로 후일 '펠레'라는 별명으로 세계 축구사를 화려하게 장식한 축구 황제다.

    그리고 월드컵 사상 최고 득점을 기록한 스타가 탄생했다. 프랑스의 퐁텐은 혼자 13골을 터뜨렸는데 그것은 지금까지 불멸의 기록으로 남아 있다.

    벨기에 아이슬란드와의 유럽예선 4경기에서 이미 19골(3실점)을 터트린 프랑스는 예선 2조 파라과이와의 첫 경기에서 7대3으로 대승을 거뒀다. 이 경기에서 퐁텐은 전반 24분 동점골, 전반 30분 2대1로 달아나는 골 그리고 후반 22분에는 팀의 6번째 골을 터트려 팀이 7대3으로 대승을 거두는 데 결정적인 역할을 했다.

프랑스는 예선 2번째 경기에서 유고슬라비아에 2대3으로 패했다. 그런데 그 경기에서도 퐁텐은 전반 4분 선취골과 1대2로 뒤졌을 때 2대2 동점골을 넣었다. 그러나 프랑스는 후반 43분에 유고의 비젤로 비치에 결승골을 허용해 패하고 말았다.

프랑스는 1승 1패가 돼 스코틀랜드와의 예선 마지막 경기에서 패하면 탈락할 위기에 놓였다. 퐁텐은 스코틀랜드와의 경기에서도 팀이 1대0으로 앞서고 있던 전반 45분경 2대0으로 달아나는 추가골을 터트려 팀이 유고를 2대1로 물리치고 8강에 오르는 데 결정적인 역할을 했다.

2조에서는 프랑스와 유고가 8강에 올라갔다. 공격과 수비에서 완벽한 조화를 이룬 프랑스는 북아일랜드와의 4강 진출전에서 4대0으로 대승을 거뒀다. 그 경기에서 퐁텐은 후반 11분 추가골, 후반 19분 팀의 3번째 골 등 두 골을 작렬시켰다.

그 대회 최대 하이라이트는 유럽 최강 프랑스와 남미를 대표하는 브라질의 준결승전이었다.

프랑스에는 당시 유럽 최고의 골잡이 퐁텐이 있었고, 브라질에는 떠오르는 축구 신성(新星) 펠레가 버티고 있었다.

그러나 경기 결과는 브라질이 5대2 대승을 거뒀다. 브라질의 핵심 선수 바바를 막던 프랑스 주장 종케가 부상을 당해 퇴장한 것이 결정적인 패인이었다. 당시에는 선수 교체 제도가 없었기 때문에 프랑스는 10대11로 싸워야 했다. 프랑스는 숫자적으로도 불리한 데다 가린샤, 디디, 바바, 자갈루, 펠레로 이어지는 브라질의 파상적인 공격을 막아내기에는 역부족이었다.

그 경기에서 펠레는 첫 해트트릭을 기록했고, 퐁텐은 전반 8분 0대1로 뒤졌을 때 1대1 동점이 되는 골을 터트렸다.

한국 속담에 '종로에서 뺨 맞고 한강에서 눈 흘긴다'는 말이 있듯이 브라질과의 경기에서 자존심을 구긴 퐁텐은 서독과의 3·4위전에서 가공할 만한 득점력을 과시하며 울분을 풀었다.

퐁텐은 전반 16분경 선취골을 신호탄으로 무려 4골을 몰아넣었다. 퐁텐은 첫 골을 터트린 지 20분 만인 36분경 2번째 골을 넣었고, 후반 33분에 해트트릭을 기록하면서 그 대회 12번째 골을 터트렸다. 12골만 해도 한 대회 신기록에 해당하는 엄청난 골 퍼레이드였다. 당시는 16강만 월드컵 본선에 오를 수 있어 소속 팀이 결승전(또는 3·4위전)까지 올라야 6경기밖에 치르지 못했다. 12골은 한 경기 2골의 엄청난 골 퍼레이드다. 그런데 퐁텐은 후배들이 아예 따라오지 못하게 하려는 듯 후반 44분에 마무리 골을 터트렸다. 퐁텐은 그 대회에서 '한 경기 4골'이라는 당시 신기록과 13골을 집어넣는 신기(神技)를 보여주었다.

8. 월드컵과 UCL리그 득점왕들

월드컵과 UEFA 유럽 축구 챔피언스리그는 '국가 대항전' '클럽 대항전'이라는 의미에서 세계 축구를 양분하고 있다.

월드컵은 4년마다 FIFA의 211개국이 세계 최고의 축구 국가를 가리는 '메가 스포츠 이벤트'다.

UEFA 유럽 축구 클럽 월드컵과 함께 AFC 아시아 챔피언스리그, CAF 아프리카 챔피언스리그, OFC 오세아니아 등 각 대륙마다 최고 클럽을 가리는 대회가 있다. 다만 남미 대회는 유일하게 챔피언스리그라는 말이 붙지 않고 코파 리베르타도레스(Copa Libertadores deres)라고 부른다.

FIFA는 대륙 챔피언들끼리 세계 최고의 클럽 팀을 가리는 FIFA 클럽 월드컵을 개최하고 있다. FIFA 클럽 월드컵 우승팀은 남미와 유럽 우승팀 사이에서 나오고 있는데, 유럽 챔피언이 8할 이상 우승을 독점해 오고 있다.

따라서 월드컵과 UEFA 유럽 축구 챔피언스리그에서 모두 득점왕에 오르는 선수가 진정한 의미에서 '득점왕'이라고 할 수 있다.

첫 번째 선수는 프랑스의 고 퐁텐 선수다.

퐁텐은 1958년 스웨덴 월드컵에서 단일 월드컵 역대 최다 득점인 13골로 득점왕에 올랐다. 그리고 1959년 스타드렌 소속으로 UEFA 유럽 축구 챔피언스리그에서 10골을 넣으며 득점왕에 올랐다.

고 에우제비오는 1966 잉글랜드 월드컵에서 포르투갈 대표로 출전해 9골을 넣어 득점왕에 올랐다. 에우제비오는 1965년, 1966년 벤키파 소속으로 챔피언스리그에 출전해 각각 9골과 7골로 득점왕 2연패에 성공했다.

갈색 폭격기로 불렸었던 서독의 게르트 뮐러는 1970년 멕시코 월드컵에서 10골을 터트려 득점왕에 올랐다. 뮐러는 1973년 바이에른 뮌헨 소속으로 챔피언스리그에 출전 11골로 첫 번째 득점왕에 오르더니, 1974년(8골), 1975년(5골) 득점왕까지 3연패에 성공했다. 뮐러는 1977년에도 5골을 터트려 4번이나 득점왕에 올랐다.

이탈리아의 파울로 로시는 1982년 스페인 월드컵에서 6골을 넣어 득점왕에 올랐고, 이듬해인 1983년 유벤투스 소속으로 챔피언스리그에 출전, 6골을 넣어 득점왕을 차지했다.

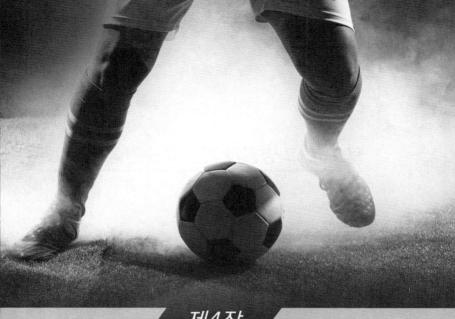

제4장

월드컵, 그 영광과
좌절의 순간들

제4장

월드컵, 그 영광과 좌절의 순간들

1. 지상의 축구 황제 펠레, 하늘나라의 축구 황제 되다

축구를 예술로 승화시켰던 펠레가 2022년 12월 29일 82살을 일기로 사망했다.

펠레는 1958년 스웨덴 월드컵, 1962년 칠레 월드컵, 1970년 멕시코 월드컵 등 세 차례 우승컵을 들어 올리는 '불멸의 기록'을 세웠다.

펠레와 함께 축구 전설을 쓴 아르헨티나의 고 디에고 마라도나가 1986년 멕시코 월드컵에서 한차례 우승을 차지했었고, 리오넬 메시가 5번의 도전 만에 카타르 월드컵에서 비로소 우승컵을 안은 것을 보면 펠레가 얼마나 대단한 선수인지 알 수 있다.

국제스포츠연맹 IOC는 지난 1999년 '20세기를 빛낸 최고의 스포츠맨'으로 선정해 펠레가 축구뿐만 아니라 모든 스포츠를 통틀어 최고의 선수임을 입증해 주었다.

펠레의 별세 소식에 전 세계 축구계가 애도했다.

국제축구연맹 FIFA는 홈페이지 메인 화면을 월드컵을 든 펠레의 흑백 사진으로 바꾸고, 그의 업적 등을 전했다.

잔니 인판티노 FIFA 회장은 "펠레는 월드컵에서 3회 우승한 유일한 선수였고, 그의 기술과 상상력은 누구와도 비교할 수 없었다. 그는 다른 어떤 선수도 꿈꾸지 못할 일들을 해냈다"라고 말했다.

펠레의 후계자로 알려진 브라질의 네이마르는 자신의 인스타그램에 "펠레 이전의 축구는 단순한 스포츠에 불과했다"며 축구를 예술로 승화시킨 펠레를 추모하는 글을 올렸다.

리오넬 메시도 인스타그램에 펠레와 함께 찍은 사진을 게시하고 "편히 잠드소서"라고 썼다.

8골을 넣어 카타르 월드컵에서 득점왕을 차지한 프랑스의 킬리안 음바페는 "축구의 왕은 우리를 떠났지만, 그의 유산은 절대 잊히지 않을 것"이라고 했다.

포르투갈의 크리스티아누 호날두는 "영원한 축구 왕 펠레는 수많은 사람에게 영감을 주고, 어제도, 오늘도, 언제나 기준이 되는 존재"라고 추모했다.

펠레는 2021년 9월, 오른쪽 결장에 암 종양이 발견돼 제거 수술을 받았다. 그 후 통원치료를 받았지만, 2022년 11월, 심부전증과 전신 부종 등으로 재입원한 후 끝내 회복하지 못했다.

펠레는 현역 생활을 하는 동안 공식 대회와 친선경기를 포함해 1,363경기에 출전해 1,281골을 터트리며 '축구 황제'로 불렸다.

브라질 국가대표로 A매치 91경기에 나서 77골을 기록했고, 월드컵에서 1958, 1962, 1970년 3차례나 우승했다. 월드컵 본선 14경기에서 12골을 넣었다.

1958년 스웨덴 월드컵 당시 17세였던 펠레는 구소련과의 조별리그 3차전에서 월드컵 데뷔전을 치렀고, 웨일스와의 8강전에서 월드컵 첫 골을 터트렸다. 프랑스와 준결승전에서 '최연소 해트트릭'을 기록했고, 스웨덴과의 결승전에서 2골을 터트려 모두 6골을 넣으며 브라질의 월드컵 첫 우승을 이끌어 냈었다.

2. 유럽이 남미에게 12대10으로 앞서

월드컵 축구대회는 1930년부터 2022년까지 2차 세계대전으로 두 번(42년, 46년 대회)이나 열리지 못했다.

지난 22번의 대회를 치르는 동안 유럽과 남미가 우승을 나눠 가졌는데, 유럽이 12번 남미가 아르헨티나의 카타르 월드컵 우승으로 10번 정상에 올랐다.

1930년 우루과이 월드컵부터 2022 카타르 월드컵까지 모두 22번의 대회에서 21차례의 결승전이 벌어졌다.

1950년 브라질 월드컵은 결승전이 없었고, 대회에 출전한 13개국을 4개 조로 나눠서 각조 1위 4팀이 '결승리그'를 벌였다.

1조 1위 브라질, 2조 1위 스페인, 3조 1위 스웨덴, 4조 1위 우루과이 4팀이 결승리그를 벌였는데, 브라질이 1,2차전에서 스웨덴(7대1), 스페인(6대1)을 대파한 반면 우루과이는 스페인과 2대2 무승부, 스웨덴을 3대2로 간신히 이겨 1승 1무였다.

3차전에서 스웨덴이 스페인을 3대1로 제압해, 브라질이 2승, 우루과이가 1승 1무, 스웨덴이 1승 2패, 스페인이 1무 2패가 되어 브라질과 우루과이전이 실질적인 결승전이 된 것이다.

브라질이나 우루과이 가운데 이기는 팀이 우승을 차지하고,

만약 비기면 홈팀 브라질이 2승 1무가 되고 우루과이가 1승 2무가 되기 때문에 브라질이 우승을 차지하게 되었다.

그러나 경기결과는 우루과이가 브라질에 2대1 역전승을 거두고 1회 대회 이후 두 번째 우승을 차지했다.

결승전에서 가장 많은 골이 터진 대회는 1958년 스웨덴 월드컵의 7골 인데 당시 브라질은 펠레의 2골을 포함해서 5골, 스웨덴은 2골을 넣었었다.

1회 1930년 우루과이 월드컵부터 2022 카타르 월드컵까지 모두 21번의 월드컵 결승전에서 80골이 터졌다.(1950년 브라질 대회 제외)

월드컵 결승전에서 게임당 3.8골이 나온 셈이다.

그런데 월드컵을 10회까지 전반, 11회 이후 22회 대회까지를 후반으로 분류한다면 얘기가 달라진다.

1회 1930년 우루과이 월드컵부터 10회, 1970년 브라질 월드컵까지 10번의 대회에서 45골이 터져, 게임당 4.5골이 나온 반면, 11회 1974년 서독 월드컵부터 22회 2022년 카타르 월드컵까지 12번의 대회에서 모두 39골 밖에 터지지 않아서 게임당 3.25골로 대폭 줄어들었다.

최근 각국 축구 대표팀의 수비력이 매우 좋아졌다고도 볼 수 있지만, 결승전에서 골을 허용하면 패한다는 강박관념 때문에 그만큼 라인을 잔뜩 내리고 소극적인 플레이를 한 것으로 분석을 할 수 있을 것 같다.

크로아티아는 2018 러시아 월드컵 프랑스와의 결승전에서 자책골을 기록한 유일한 팀이었다. 전반 18분 프랑스 그리즈만의 프리킥을 만주키치 선수가 헤딩으로 쳐낸다는 것이 크로아티아 골문으로 빨려 들어간 것이다.

1966년 영국 월드컵 서독과의 결승전에서 영국의 주장 허스트는 해트트릭을 기록했다.

2022 카타르 월드컵 결승전에서도 프랑스의 음바페 선수가 해트트릭을 기록, 결승전 해트트릭은 허스트와 음바페 두 선수만이 기록하고 있다.

허스트는 영국이 0대1로 뒤지던 전반 18분 동점골, 그리고 2대2 동점에서 연장전에 돌입, 연장 전반 10분 결승골, 연장 후반 15분 쐐기골을 터트렸다.

그 결승전에서는 영국의 보비 찰튼과 잭 찰튼 형제가 함께 뛰어서, 1930년 1회 우루과이 대회 결승전에서 아르헨티나의 후안 에바리스토와 마리오 에바리스토 형제 이후 두 번째 형제 선수가 함께 뛴 결승전으로 기록되어 있다.

결승전에서 정규시간 90분, 연장전 30분 동안 승부를 내지 못해서 승부차기로 우승팀을 가린 것은 세 번 있었다.

1994년 미국 월드컵과 2006년 독일 월드컵 그리고 2022 카타르 월드컵이었다.

1994년 미국 월드컵은 브라질과 이탈리아가 0대0 무승부를 이룬 끝에 승부차기에서 브라질이 이겼는데, 당시 이탈리아 최고 스트라이커 로베르토 바조가 결정적인 실축을 해서 '명선수는 페널티킥에 약하다'는 징크스를 이어가기도 했다.

2006년 독일 월드컵 결승전 승부차기는 이탈리아와 프랑스가 가졌다. 결과적으로 이탈리아가 프랑스에 5대3으로 이겼는데, 프랑스의 다비드 트레제게가 두 팀 선수 가운데 유일하게 실축(슈팅이 크로스바를 맞고 튀어 나왔다)을 했다.

프랑스의 지네딘 지단은 연장전 경기 도중 이탈리아 마테라치의 가슴을 머리로 박아서 결국 퇴장을 당했는데, 지단의 퇴장까지 역대 월드컵 결승전에서 4명의 선수가 퇴장을 당했다. 하지만 '결승전 연장전 퇴장'은 지단이 처음이었다.

2022 카타르 월드컵에서도 아르헨티나와 프랑스가 전, 후반 90분 동안 2대2 무승부를 기록한 후, 연장전에서도 한 골씩 넣어 3대3 무승부를 기록한 후 승부차기에서 아르헨티나가 프랑스를 4대2로 꺾고 우승을 차지했다.

3. 월드컵 개최국들은 어떤 성적을 올렸나

1930년 1회 우루과이 월드컵에서 개최국 우루과이가 우승을 한 이후 1934년 이탈리아 월드컵에서 이탈리아의 우승으로, 개최국 우승의 전통을 이어갔다. 그러나 1938년 프랑스 월드컵에서 개최국 프랑스는 8강전에서 이탈리아에 1대3으로 패해 탈락했다.

1950년 브라질 월드컵에서 브라질은 첫 우승을 노렸지만, 스페인, 스웨덴, 우루과이와 치른 결승리그에서 2연승을 올리다가 우루과이에게 1대2로 역전패를 당해 준우승에 머물렀다.

1954년 스위스 월드컵 개최국 스위스는 8강전에서 오스트리아에게 5골을 넣고도 7골을 내주면서 탈락했다.

1958년 스웨덴 월드컵에서 스웨덴은 펠레의 돌풍에 휘말려 결승전에서 브라질에게 2대5로 패해 브라질의 월드컵 첫 우승을 바라봐야만 했다.

1962 칠레 월드컵의 칠레도 브라질의 희생양이 되어야 했다. 준결승전에서 브라질에 2대3으로 패했고, 3·4위전에서 유고슬라비아를 1대0으로 누르고 3위를 차지했다.

1966년 잉글랜드 월드컵 결승전에서 잉글랜드가 서독을 연장 접전 끝에 4대2로 이겨 1934년 이탈리아가 개최국으로 우승을 차지한 이후 32년 만에 홈팀 우승 전통을 부활시켰다.

1970년 멕시코 월드컵에서 멕시코는 8강전에서 이탈리아에게 1대4로 대패해 준결승전 진출에 실패했다.

1974년 서독 월드컵에서 개최국 서독은 토탈사커를 내세운 네덜란드를 결승전에서 2대1로 제압하고 1954년 스위스 월드컵에 이어 두 번째 우승을 차지했다.

1978년 아르헨티나 월드컵에서 아르헨티나는 네덜란드를 전, 후반 1대1, 연장전에서 2골을 넣어 3대1로 이겨 두 대회 연속 개최국 우승을 이어가며 월드컵 첫 우승을 차지했다.

1982년 스페인 월드컵에서 스페인은 북아일랜드, 유고, 온두라스와 치른 5조 예선에서 2승 1무, 조 1위로 통과해 서독, 잉글랜드와 치른 2라운드에서 1무 1패(서독에 1대2 패)로 탈락해 준결승전에 오르지 못했다.

1986 멕시코 월드컵에서 멕시코는 B조 예선에서 벨기에(2대1), 이라크(1대0), 파라과이(1대1)와 예선에서 2승 1무로 2회전에 올라, 불가리아를 2대0으로 제압했다. 그러나 서독과 치른 8강전에서 0대0 무승부를 기록한 후 승부차기에서 1대4로 패해 탈락했다.

1990년 이탈리아 월드컵에서 이탈리아는 준결승전에서 아르헨티나와 1대1 무승부를 기록한 후 승부차기에서 3대4로 패해 결승 진출에 실패했다. 이탈리아는 잉글랜드를 3·4위전에서 2대1로 이겨 3위를 차지했다.

1994 미국 월드컵에서 미국은 A조 예선에서 콜롬비아를 에스코바르의 자책골 등으로(2대1) 이겼는데, 에스코바르는 그 자책골 때문에 콜롬비아로 돌아가서 괴한으로부터 피격을 당해 사망했다. 미국은 루마니아도 1대0으로 이겨 2회전에 올랐지만 브라질에 0대1로 패해 탈락했다.

1998년 프랑스 월드컵에서는 프랑스가 결승전에서 브라질을 3대0으로 완파하고 첫 우승을 차지했고, 앞서 언급했듯이 2002 한·일 월드컵에서 공동 개최국 한국은 4위를 했지만, 일본은 16강에 만족해야 했다.

2006 독일 월드컵에서 독일은 준결승전에서 이탈리아에 0대2로 패했고, 3·4위전에서 포르투갈을 3대1로 꺾고 3위를 차지했다.

2010 남아공 월드컵의 남아공은 A조에서 1승 1무 1패로 멕시코와 승점이 4점으로 같았지만 골 득실에 밀려 탈락했다.

2014 브라질 월드컵에서 개최국 브라질은 1950년 브라질 월드컵에서의 실패를 되풀이하지 않기 위해 철저하게 준비를 했지만, 독일과의 준결승전에서 주 공격수 네이마르와 중앙 수비수 치아구 시우바 등 공격과 수비의 핵심 선수들이 빠지면서 전

반전에만 5골을 내주면서 1대7로 참패를 당했다. 브라질은 네덜란드와 치른 3·4위전에서도 0대3으로 완패를 당했다.

2018 러시아 월드컵의 러시아는 스페인과 치른 16강전에서 1대1로 비겼지만, 승부차기에서 2대3으로 패해 8강 진출에 실패했다.

2022 카타르 월드컵에서 개최국 카타르는 A조 예선에서 에콰도르(0대2), 네덜란드(0대2), 세네갈(1대3)에게 모두 패해 사상 처음으로 개최국이 승점 1점도 따내지 못했다.

4. 월드컵 축구로 인해 전쟁을 벌인 두 대통령

엘살바도르의 피델 산체스 에르난데스 대통령과 온두라스의 오스왈도 로페스 아레야노 대통령은 1970년 멕시코 월드컵 지역 예선을 벌이다가 전쟁까지 벌였다.

1970년 멕시코 월드컵 북중미 13조 A조 지역 예선은 초반부터 혈전이었다.

당시 중앙아메리카 6개 나라 가운데 1위가 13조 A 지역을 대표하게 되어있었기 때문에 6대1의 경쟁이었다.

중앙아메리카의 여섯 나라는 한때 비타민 결핍증으로 평균 수명이 30살도 안 되었던 엘살바도르, 60% 이상의 국민이 문맹 국가인 엘살바도르의 이웃나라 온두라스 그리고 과테말라, 니카라과, 파나마, 코스타리카 등이었다.

6개국 가운데 엘살바도르와 온두라스 두 나라만 마지막까지 살아남아 홈 앤 어웨이로 본선 진출 팀을 가리게 되었다. 엘살바도르와 이웃나라 온두라스는 견원지간(犬猿之間)이었다.

지난 60여 년 동안 30만 명이 넘는 엘살바도르인들이 땅이 넓은 온두라스에 이민해 들어갔고, 이들이 온두라스의 경제권을 장악하고 사회의 상층부를 이뤘기 때문에 '눈엣가시' 같은 존재였다.

1969년 6월 8일 온두라스의 수도 테구시갈파에서 벌어진 1차전은 온두라스가 1대0으로 이겼고, 일주일 후인 6월 15일, 엘살바도르의 수도 산살바도르에서 열린 2차전은 엘살바도르가 3대0으로 이겼다.

　그런데 그 경기에서 엘살바도르 홈 관중이 온두라스에서 온 원정 응원단에게 집단 폭행을 가해 온두라스 응원단들이 피투성이가 돼서 온두라스로 추방을 당했다.

　그런 와중에 온두라스 전역에서 엘살바도르 사람들에 대한 '피의 보복'이 대대적으로 벌어져 수십 명이 사망하고 수천만 달러의 재산 피해가 발생했다.

　6월 23일, 엘살바도르의 피델 산체스 에르난데스 대통령과 온두라스의 오스왈도 로페스 아레야노 대통령은 급기야 '국교 단절'을 선언했다.

　당시 월드컵 지역 예선은 골 득실은 따지지 않고 승패만을 따졌기 때문에 1승 1패가 된 두 나라는 6월 27일 멕시코에서 단판 대결을 벌이게 되었다.

　6월 27일, 두 나라의 최종 예선이 벌어진 멕시코시티 경기장은 관중보다 경찰이 더 많았다.

　경기 결과는 2대2 무승부를 이룬 끝에 연장전에서 엘살바도르의 로드리게스 선수가 결승골을 넣어 3대2로 승리, 엘살바도르가 멕시코 월드컵 13조 A 지역을 대표해서 본선에 진출했다. 엘살바도르는 멕시코 월드컵 본선에서 1조에 속해 벨기에(0대 3), 멕시코(0대4), 소련(0대2) 등 3팀에 3전 전패(골 득실 0대9)로 탈락했다.

그런데 엘살바도르와 온두라스 두 나라의 축구 전쟁이 실제 전쟁으로 비화한 것이다.

7월 13일 새벽, 온두라스에 있는 엘살바도르의 이민자들이 집단으로 무고한 죽임을 당했다고 판단한 엘살바도르의 피델 산체스 에르난데스 대통령이 온두라스에 선전포고를 한 후 공군과 포병부대를 앞세워 테구시갈파에 맹공격을 가하기 시작했다.

온두라스의 오스왈도 로페스 아레야노 대통령도 즉각 전 군(軍)에 반격을 지시했다.

OAS 즉 미주기구가 전쟁 발발 직후 중재에 나섰으나 전쟁은 계속되었고, 화력이 달린 온두라스의 오스왈도 로페스 아레야노 대통령은 2,000여 명의 전사자가 나오자 더 이상 견딜 수 없다고 판단, 휴전을 수락하기에 이르렀다.

이른바 '5일 전쟁'으로 불리는 월드컵으로 인한 두 나라의 전쟁에서, 피델 산체스 에르난데스 엘살바도르 대통령은 자기 나라보다 8배나 더 큰 온두라스 오스왈도 로페스 아레야노 대통령에게 KO 승을 거둬 국민적 영웅이 되었다.

5. 브라질 메디치 대통령의 경우

메디치 대통령은 월드컵을 이용해서 독재 정권을 더욱 공고
히 하려 했던 브라질 대통령이었다.

에밀리오 가라스타추 메디치 대통령은 1969년 브라질 대통
령이 되었지만, 국민들로부터 지지를 받지 못했다. 언론은 통제
되었고, 인권 유린이 광범위하게 자행되었고, 반정부 인사들은
수시로 고문을 당했다.

당시 군사독재 정권을 이끌던 메디치 대통령은 정부의 정통
성 확보 차원에서 1970년에 벌어질 멕시코 월드컵 우승에 모든
것을 걸고 있었다. 1970년 멕시코 월드컵은 이미 두 차례 월드
컵 우승을 차지했던 브라질, 이탈리아, 우루과이 세 나라가 "어
떠한 일이 있더라도 멕시코 대회에서 우승을 차지해야 한다"며
벼르고 있었다.

브라질은 1958년 스웨덴, 1962년 칠레, 우루과이는 1930년
우루과이, 1950년 브라질, 이탈리아는 1934년 이탈리아, 1938
년 프랑스 월드컵에서 각각 두 번씩 우승을 차지했었다. 따라서
세 나라 가운데 한 나라가 1970년 멕시코 월드컵에서 우승을
차지하면 규정에 따라 월드컵 우승 트로피인 '줄리메컵'을 영원

히 차지할 수 있게 되었기 때문이다.

줄리메컵을 영원히 소유한다는 것은 '지구촌 최고의 축구 최강국'이라는 상징적인 의미를 갖게 되기 때문에 매우 중요했다. 그래서 브라질 이탈리아 우루과이 세 나라 국민들은 멕시코 월드컵 우승을 그 어느 대회보다 간절하게 바라게 되었다.

국민들부터 인기를 얻지 못했고, 정통성이 없는 군부독재를 하던 메디치 대통령이 브라질 국가대표 축구팀을 격려하기 위해 대통령 궁으로 초대했지만, 당시 브라질의 주앙 살다냐 대표팀 감독은 이에 응하지 않았다.

살다냐 감독은 메디치 대통령의 점심 초대에 맞춰 선수들의 연습 시간을 조정하지 않았다. 살다냐 감독은 메디치 대통령의 권위에 주눅이 들지 않고 대표팀을 소신껏 이끌었다.

어느 날 브라질의 한 신문 기자들이 "왜 메디치 대통령이 좋아하는 다리우 선수를 대표팀에 포함하지 않았느냐"고 살다냐 감독에게 물었다. 살다냐 감독은 "나는 브라질 정부 관료를 뽑을 권한이 없다. 브라질 대통령도 브라질 국가대표 축구선수를 선발할 수 없다."라고 대답했고 메디치 대통령은 결국 살다냐 감독을 경질했다.

그의 새로운 선택은 마리우 자갈루 감독이었다. 자갈루 감독은 1958년 스웨덴, 1962년 칠레 월드컵에서 브라질이 2연패를 할 때 펠레와 함께 결정적인 역할을 했던 스타플레이어 출신이었다.

자갈루의 '형님 리더십'은 브라질 대표 선수들을 한마음으로 똘똘 뭉치게 했고, 브라질은 남미 예선부터 멕시코 월드컵 본선까지 전승 행진을 하며 막강 전력을 발휘했다.

브라질은 멕시코 월드컵 결승전에서 '가테나치오', 즉 자물쇠 수비를 자랑하는 이탈리아 수비진에 수모를 안기며 4대1로 이겨, 줄리메컵을 영원히 보유하게 되었다.

자갈루 감독은 선수와 감독으로 월드컵에서 우승을 차지한 최초의 인물이 되었다. 자갈루 이후 독일의 베켄바워가 두 번째로 선수, 감독으로 월드컵 정상의 맛을 봤다.

브라질의 멕시코 월드컵 우승은 '월드컵 사상 최초로 3번 우승'을 노렸던 우루과이, 이탈리아 두 팀을 완벽하게 제압하고 정상에 올랐다는 데 더욱 큰 의미가 있다.

브라질은 우루과이를 준결승전에서 3대1, 결승전에서 이탈리아를 4대1로 각각 제압했다. 명장 자갈루 감독을 포함, 펠레, 자일징요, 게르손, 브라토, 알베르트, 리벨리노, 토스타오로 이루어진 1970년 멕시코 월드컵 때의 브라질 멤버를 '역대 최강'팀으로 꼽는 축구 전문가들이 많다.

메디치 대통령은 브라질이 멕시코 월드컵 결승전에서 이탈리아를 물리치고 우승을 차지하자 국제전화를 걸어 선수 한 명 한 명을 일일이 치하했다. 그가 선수들과 감격적인 전화 통화를 끝낸 후 대통령 관저 난간에 셔츠 바람으로 나와 삼바 멜로디에 맞춰 춤을 추기 시작하자 시민들이 관저로 몰려들었다. 메디치는 대통령 관저를 개방하라고 즉각 지시했고, 시민들과 메디치 대통령은 서로 얼싸안고 '브라질 만세', '브라질 축구 만세'를 외쳤다. 그때 한 시민이 메디치에게 건의했다. "대통령님 내일을 브라질 공휴일로 하시면 어떨까요?" 이에 메디치는 "아니야, 내일뿐만 아니라 모레 화요일까지 이틀 동안 브라질은 임시공휴일이야"라며 한술 더 떠서 대답했다.

브라질 국민들과 메디치 대통령은 우승을 차지한 1970년 6월 21일 일요일부터 6월 23일 화요일까지 사흘 동안 '광란의 파티'를 벌였다. 사흘 동안의 각종 환영 행사에서 삼바 리듬의 홍수 속에 폭죽, 총포, 추락, 심장마비 사고 등으로 무려 44명이 사망했고, 2,000명 가까이 부상을 당했다.

그는 6월 23일 멕시코 영웅들이 귀국하는 갈레오 국제공항에 모든 항공기의 이착륙을 금지시켰다. 영원히 브라질의 것이 된 줄리메컵을 안고 귀국하는 브라질 선수단을 실은 특별기가 개선하기 때문이다.

갈레오 공항에 내려진 특별경계령을 뚫고 5,000여 명의 시민들이 멕시코에서 개선장군이 되어서 귀국한 월드컵 대표 선수단을 끌어안고 감격적인 포옹을 했고, 갈레오 공항에서 리우데자네이루 도심까지 200만여 명의 시민들이 환영과 축배의 노래를 합창하며 브라질 만세를 외쳤다. 시민 가운데 일부는 '브라질 축구 만세'와 함께 '메디치 만세'를 외치기도 했고, 이를 전해들은 메디치 대통령은 만면에 미소를 지었다.

메디치 대통령은 멕시코 월드컵에서 우승을 차지한 선수들 모두에게 캐딜락 승용차를 한 대씩 주었다.

6. 1966년 영국 월드컵 8강전 전날,
   북한 축구 선수들은 화려한 밤을 보냈을까?

월드컵 축구 사상 최대 이변은 뭐니뭐니 해도 1966년 영국 월드컵 4조 예선 마지막 경기로 벌어진 이탈리아 대 북한의 경기였다.

이탈리아는 조 예선 첫 경기에서 칠레를 2대0으로 제압했지만, 구소련에 0대1로 패해 1승 1패를 기록하고 있었고, 북한은 첫 경기에서 구소련에 0대3으로 졌지만 두 번째 경기에서 칠레와 1대1로 비겨 1무 1패를 기록하고 있었다.

4조는 구소련이 2연승을 거둬 승점 6점을 확보해 사실상 8강 진출이 확정되었고, 이탈리아가 승점 3점으로 2위, 북한과 칠레가 각각 1무 1패 승점 1점 이었지만 북한이 골 득실 -3, 칠레는 -2로 북한이 최하위에 처져있었다.

남은 경기는 이탈리아 대 북한, 구소련 대 칠레의 경기뿐이었다.

따라서 이탈리아는 북한과의 경기에서 이기면 무조건 8강, 비기더라도 골 득실에 따라 8강에 오를 가능성이 높았다. 그러나 북한은 무조건 이겨야 하는 절박한 상황이었다.

경기 전 상황은 이탈리아의 8대2 또는 7대3 정도의 완전한 우세였다.

도박이 성행하는 영국 도박사들은 대회가 시작되기 전 우승 확률을 브라질 50퍼센트로 1위, 영국 25퍼센트로 2위 그리고 이탈리아를 20퍼센트로 3위로 꼽았었다. 북한은 16개 출전국 가운데 최하위인 1퍼센트였다.

북한은 월드컵에 처음 선을 보인 축구 후진국 아시아 대표였다. 북한은 호주와 아시아 예선을 벌였다.

6·25 때 유엔군으로 참전한 호주는 북한과 적대국이었고, 호주와 북한 두 나라의 국교도 없었기 때문에 제3국인 캄보디아에서 예선 경기를 치렀다.

예상은 호주 팀이라고는 하지만 호주 출신은 단 한 명뿐이었고, 모두 영국 출신의 프로 선수들이었기 때문에 호주가 북한을 압도적으로 이길 것으로 예상을 했었다.

캄보디아의 노르돔 시아누크 대통령은 호주와 북한 두 나라의 적대 감정을 의식했는지, 관중석을 절반으로 나눠 호주와 북한 응원단을 철저하게 분리하기도 했다.

그러나 경기 결과는 평균 신장 1m 65cm도 안 되는 북한이 1m 80cm에 육박하는 호주 대표팀을 1차전 6대1, 2차전 3대1 합계 9대2로 대파하고 영국 월드컵 출전권을 획득했다.

북한은 영국 월드컵 본선 첫 경기에서 같은 공산국가라 그런지

구소련에게 0대3으로 완패를 했다.

북한은 칠레와의 2차전에서 전반 25분에 마르코스에게 페널티킥을 내줘 0대1로 끌려갔지만, 경기 종료 3분 전인 후반 42분경, 박승진이 20m 중거리 슛을 성공시켜 극적으로 비겼다. 무승부가 되었지만 경기 내용은 북한이 오히려 앞섰다. 북한이 16개의 슈팅을 날린 반면 칠레는 슈팅을 9개밖에 시도하지 못했다.

북한과 사실상 8강 진출권을 놓고 싸울 이탈리아는 1934년 이탈리아 월드컵과 1938년 프랑스 월드컵에서 잇따라 우승, 월드컵 사상 최초로 2연패를 이룬 세계 축구 강국이었다. 빗자루 수비로 유명한 이탈리아 수비는 스위퍼 한 명을 뒤로 빼는 1:4:2:3 포메이션에 철각을 내던진다는 공포의 태클로 상대 공격진을 질식시키고 있었다.

그러나 북한의 명례연 감독은 경기를 앞두고 "이탈리아를 물리치고 8강에 올라 가겠다"며 큰 소리를 치고 있었다.

그러나 세계 축구계는 명례연 감독의 말을 '하룻강아지 범 무서운 줄 모른다'며 과소평가했다.

1966년 7월 19일 18,000명을 수용하는 미들스보로 스타디움은 관중들이 꽉 들어찼다.

북한은 당시 국제축구연맹 즉 FIFA의 스탠리 라우스 경이 '세계적인 기술을 가진 선수'라고 평가한 신영규와 임중선, 하정원,

오윤경, 임승휘, 박승진, 한봉진, 박두익, 김봉환, 양성국, 이찬명을 스타팅 멤버로 내세웠다.

특히 이찬명은 구소련, 칠레전의 선방으로 영국 월드컵에 출전하고 있는 구소련의 야신, 잉글랜드의 뱅크스와 함께 세계 3대 골키퍼로 불리기 시작했다. 후에 야신은 1994년부터 월드컵에 야신상이 제정될 정도로 전설적인 골키퍼가 되었고, 뱅크스도 야신에 못지않은 영국 축구 사상 최고의 골키퍼다.

이탈리아는 알베르토시, 파세티, 란데니, 자니치, 구아르니에리, 포글리, 페라니, 불가렐리, 마졸라, 리베라, 바리손 등 '베스트 11'의 정예 멤버를 모두 동원했다.

그 가운데 불가렐리와 파세티가 버티고 있는 미드필더는 '달리는 전차'라는 소리를 들을 정도로 공격과 수비에서 발군의 활약을 했다.

이탈리아는 단신 북한 축구를 압도하기 위해 공을 공중으로 띄워 제공권으로 승부를 걸었고, 북한은 브라질이 처음 사용했었던 4:2:4 전형을 사용하면서도 전원 수비 전원 공격으로 맞섰다.

이탈리아의 공격수 리베라, 페라니, 바리손, 마졸라는 북한 팀 문전에서 미드필더에서 공중에 띄운 볼을 헤딩으로 연결, 골을 노렸다.

북한도 임승휘 박승진이 이탈리아의 불가렐리, 파세티와의 중원 장악 싸움에서 뒤지지 않으면서 두 팀 간의 치열한 공방전이 전개되었다.

그러나 전반 35분 이 경기의 승패에 절대적인 영향을 끼친 사건이 일어났다.

박승진과 불가렐리가 공중볼을 다투던 중 박승진이 먼저 넘어진 불가렐리의 위로 떨어진 것이다.

박승진은 곧 일어났지만 불가렐리는 발을 크게 다쳐서 꼼짝을 하지 못했다. 불가렐리가 들것에 실려 나갔다.

당시 축구 규정은 교체 멤버 제도가 없었다. 부상을 당한 선수가 나오면 그 팀은 한 명 또는 두세 명이 부족한 가운데 경기를 계속해야 했다.

이제 10명이 싸워야 하는 이탈리아가 불리해진 것이다.

그렇지 않아도 북한의 공격이 거센데, 이탈리아가 한 명이 부족해졌으니… 그때부터 북한의 총공세가 시작되었다.

후에, 불가렐리가 부상으로 실려나간 전반 30분부터 45분까지 15분간을 '북한 축구의 가장 화려한 15분'이라고 부를 정도로 북한의 공격은 무서웠다.

전반 41분 월드컵 사상 최고의 이변, 운명의 시간이 다가왔다.

센터서클에서 북한의 하정원의 헤딩 패스를 받은 박두익은 이탈리아의 왼쪽을 뚫고 나가다가 오른편으로 돌아 나가면서 란데니의 태클을 피하더니 땅볼로 강슛을 쐈다. 공은 이탈리아 골대 오른쪽 모서리 쪽으로 빨려 들어갔다. 골을 허용한 알베르 토시는 한동안 멍하니 서있어야 했다.

후반전 이탈리아가 거세게 반격을 했지만 10명이 싸워야 하는 불리함 때문인지 오히려 북한이 더 많은 득점 기회를 잡았었다.

경기가 1대0 북한의 승리로 끝나자 영국 관중들은 기립박수 로 명승부를 한 북한 축구의 선전을 축하해 주었다. 그러나 이탈 리아에서 원정 응원을 온 이탈리아 축구 팬들은 이탈리아의 상 징인 삼색 국기를 찢어버리는 등 난동을 부렸고, 북한 선수들은 마치 세상을 다 얻은 듯 서로 부둥켜안고 어쩔 줄 몰라 했다.

문제는 포르투갈과의 8강전이었다.

북한은 경기 시작 23초 만에 터진 박승진의 골을 신호탄으로 21분 이동운, 22분 양성국 선수가 잇따라 골을 터트려 3대0으 로 여유 있게 앞서나갔다.

그러나 전반 27분과 43분에 당대 세계 최고의 공격수 에우제 비오에게 2골을 허용해 2대3으로 쫓기더니, 후반전에 에우제비 오에게 2골을 더 허용하는 등 에우제비오에게만 모두 4골을 빼 앗기며 3대5로 역전패를 당했다. 북한 선수들은 후반전에는 체 력이 떨어져 거의 경기를 포기하다시피 했다.

북한이 후반전에 힘 한번 제대로 쓰지 못하고 역전패를 당하자

이상한 소문이 나돌기 시작했다.

북한 축구 선수들이 이탈리아를 꺾고 8강이 확정된 이후 승리에 도취된 나머지 밤새도록 술을 먹고 일부 선수들은 화려한 밤을 보냈다는 것이었다.

북한이 구소련, 칠레, 이탈리아와의 예선 3경기와 포르투갈전 전반전까지와 포르투갈전 후반전 경기 내용이 크게 달라졌기 때문에 그 소문이 제법 신빙성이 있어 보였다.

그러나 당시 북한 선수단은 화려한 밤을 보낼 돈도 없었고, 그럴 분위기도 아니었다.

북한은 당연히 예선에서 떨어질 줄 알고 예선 이후에 묵을 숙소도 정해 놓지 않았다.

8강전이 벌어진 곳은 리버풀 스타디움이었는데, 원래 리버풀에는 이탈리아가 8강 진출을 확신하고 예약을 한 가톨릭 숙소가 있었다. 그런데 이탈리아가 예선에서 탈락하는 바람에 부득이하게 예약을 취소할 수밖에 없었다. 그래서 북한이 이탈리아 팀이 예약을 했던 가톨릭 숙소로 정했던 것이다.

가톨릭 숙소는 1인실로 되어 있는 방마다 예수님 그림과 십자가가 걸려 있었다. 그리고 숙소 앞마당에는 성모상이 달빛을 받고 서 있었다.

공산권인 북한 선수들에게는 예수님 그림과 십자가 그리고 앞마당에 있는 성모상 등이 이질감을 지나쳐서 공포를 느낄 정도였다. 그래서 1인실 방에 두세 명씩 몰려 자느라 제대로 숙면을 취하지 못했다. 화려한 밤은커녕 공포스러운 밤을 보내느라 컨디션이 엉망이 된 것이다.

더구나 8강전 상대팀인 포르투갈은 당대 최고의 공격수 에우제비오를 앞세워 예선에서 강호 브라질을 3대1로 제압하는 등 헝가리 불가리아 등을 상대로 9골을 넣고 단 2골만 허용하는 사실상 세계 최강 팀이었다.

7. 역대 최고의 골키퍼 야신과 뱅크스

월드컵 역사상 최고의 골키퍼로 인정을 받고 있는 2명의 선수가 있다.

구소련의 레프 야신(1929~1990, 1m 89cm), 잉글랜드의 고든 뱅크스(1937~2019, 1m 85cm) 골키퍼다.

야신은 '한 골', 뱅크스는 '유럽의 벽'으로 불렸었다.

야신이 출전하는 구소련은 '한 골'을 막고 들어간다는 뜻이고, 뱅크스의 '유럽의 벽'은 잉글랜드를 넘어 유럽 최고의 골키퍼라는 의미다.

두 선수 모두 역사상 최고의 공격수 브라질의 펠레와 활동기간이 비슷하게 겹친다.

야신은 1958년 스웨덴 월드컵, 1962년 칠레 월드컵, 뱅크스는 1966년 잉글랜드, 1970년 멕시코 월드컵에 출전했었다.

야신은 1956년 멜버른 올림픽에서 구소련이 금메달을 따는 데 결정적인 역할을 하면서 세계 무대에서 인정을 받기 시작했다.

그 후 1958년 스웨덴 월드컵에 출전했는데 잉글랜드와는 2대 2로 비기고, 오스트리아를 상대로 2대0 승리를 거뒀다.

야신은 1966년 잉글랜드 월드컵에서 돌풍을 일으켰었던 북한전은 무실점(3대0)으로 막았고, 강호 이탈리아에게도 역시 한 골도 내 주지 않았(1대0)지만 칠레(2대1)와 헝가리(2대1)에게는 각각 한 골씩 내주면서 팀 승리에 기여했다. 그러나 서독에게 2골(1대2 패)을 내 주었고, 포르투갈과 3·4위전에서도 에우제비우에게 페널티킥 골을 내주는 등 2골을 허용하면서 4위에 그치고 말았다.

뱅크스는 1966년 잉글랜드가 월드컵에서 첫 우승을 차지하는 데 결정적인 역할을 한다.

뱅크스는 잉글랜드 월드컵 준결승전에서 포르투갈의 에이스 에우제비우에게 페널티킥 실점을 내주기 전까지 443분 동안 단 한 골도 허용하지 않았다. 월드컵 443분 무실점 기록은 1990 이탈리아 월드컵에서 이탈리아의 발테르 쳉가(517분)에 의해 경신될 때까지 무려 24년 동안 지속됐었다. 잉글랜드는 포르투갈을 상대로도 2대1승리를 거두었다. 결승전에서 베켄바워가 있는 서독을 상대로 2골을 허용했지만 주장 제프 허스트의 해트트릭으로 4대2로 이겨서 우승을 차지했다.

8. 역대 월드컵 본선 진출국들

브라질은 지난 1930년 우루과이 월드컵부터, 2022 카타르 월드컵까지 한 번도 빠지지 않고 22개 대회 연속 본선에 오른 유일한 국가다.

독일은 월드컵 본선에 18번 연속(1954년 스위스 월드컵 이후 2022 카타르 월드컵까지) 출전하고 있는데, 유럽에서는 최고 기록이다.

독일에 이어 이탈리아가 15회 연속 본선에 진출했었다. 이탈리아는 2018 러시아 월드컵과 카타르 월드컵에 출전하지 못해 연속 출전 기록이 끊겼다.

이탈리아에 이어 아르헨티나(12회 연속), 스페인(11회 연속)이 그 뒤를 따르고 있다.

한국은 1986년 멕시코 월드컵 이후 2022 카타르 월드컵 까지 10개 대회 연속 본선에 올라 아시아 최고 기록을 갖고 있다.

세계에서는 브라질, 독일, 이탈리아, 아르헨티나, 스페인에 이어 6위에 해당된다.

한국은 1954년 스위스 월드컵에도 본선에 오른 적이 있어서 월드컵 본선만 11번 진출해 역시 아시아 1위를 유지하고 있다.

일본은 1998년 프랑스 월드컵 이후 카타르 월드컵까지 7대회 연속 본선에 올라, 아시아 국가 가운데 한국에 이어 2위를 달리고 있다.

9. 역대 월드컵 성적 1위는 브라질, 한국은 26위

　국제축구연맹(FIFA)의 공식사이트에 의하면 브라질이 FIFA 월드컵 올-타임(ALL-TIME) 랭킹 1위에 올라있다. 1930년 우루과이에서 열린 초대 월드컵부터 2022년 카타르에서 열린 22회 월드컵까지 FIFA에 가입된 211개국들의 월드컵 본선(예선 제외)에서 거둔 성적만을 종합해 순위를 선정한 것이다.

　브라질은 22번의 월드컵 본선에 모두 참가했고, 총 114경기를 치러 무려 76승(19무 19패)을 거뒀다(승부차기는 무승부). 승점 247로 선두를 달리고 있다. 브라질은 역대 5번의 월드컵 본선 우승으로 최다 우승국 자리에도 올라있고, 237골로 가장 많은 골을 넣고 있다. 2002 한·일 월드컵 때 마지막 우승을 차지했다.

　2014 브라질 월드컵 우승팀 독일이 브라질의 뒤를 바짝 추격하고 있다. 독일은 월드컵 본선에서 브라질에 이어 두 번째로 많은 112경기를 소화했다. 68승 21무 23패(승점225)를 마크하고 있다. 총 232골을 터트려 이 부문에서 브라질에 이어 2위다. 우승은 총 4차례 차지했다.

　3위는 독일과 함께 월드컵 4차례 우승으로 최다 우승 공동 2위인 이탈리아다. 18번의 본선 무대에서 83경기를 소화했고,

45승 21무 17패로 승점156을 기록하고 있다. 2018 러시아 월드컵, 2022 카타르 월드컵 등 두 대회 연속 지역 예선을 통과하지 못했다.

4위 아르헨티나는 18번의 본선무대에서 48승 17무 24패(승점161)를 기록하고 있다. 아르헨티나가 이탈리아에게 승점 5점(161대156)을 앞서 있지만, 월드컵 우승이 세 차례에 그쳐 이탈리아에 뒤지고 있다.

1998 프랑스 월드컵, 2018 러시아 월드컵 우승국인 프랑스(승점130), 1966년 잉글랜드 월드컵 우승국인 잉글랜드(승점118), 2010 남아공 월드컵 우승국인 스페인(승점110)이 나란히 5~7위에 랭크됐다. 월드컵에서 단 한 번도 정상에 서지 못한 유럽의 축구 강호 네덜란드는 승점104로 8위, 네덜란드에 이어 스웨덴(승점70)이 9위에 올라있다.

한국은 11차례 대회에 나서 7승 10무 20패 승점31점으로 26위다. 아시아 국가 가운데에서는 월드컵 올-타임 랭킹이 가장 높다.

10. 월드컵 '4대 천왕'들의 3가지 업적

축구 역사상 브라질의 펠레, 아르헨티나의 디에고 마라도나, 리오넬 메시 그리고 포르투갈의 크리스티아누 호날두를 4대 천왕으로 꼽는 데 이의를 제기할 사람은 별로 없을 것이다. 물론 요한 크루이프, 디 스테파노, 베켄바워, 지단 등을 포함시키고 싶은 사람들도 많을 것이다.

그렇다면 4명의 천왕들이 가장 내세울 만한 업적들은 어떤 것들이 있을까? 각각 3가지 큰 업적들을 뽑아 보았다.

크리스티아누 호날두는 역대 축구 선수 가운데 최다 A 매치 (205경기)에 출전하고 있다.

호날두가 세운 A 매치 128골도 역대 1위다. 그리고 국제축구연맹 FIFA 공식 경기 841골도 역대 1위다.

리오넬 메시는 무려 8번의 발롱도르상을 받아 이 부문 1위에 올라있다. 2위는 크리스타아누 호날두의 5회 수상이다.

발롱도르상은 1956년 프랑스 축구 잡지 '프랑스 풋볼'이 창설한 그해 전 세계에서 최고의 활약을 한 축구 선수에게 주는 영광스러운 상이다. 메시는 2009년부터 2012년까지 '발롱도르 4연패'를 했고, 2023년 8번째 수상을 했다.

또한 메시는 유럽 축구 단일 시즌 최다골 기록도 갖고 있다.

메시는 2011~2012 시즌 프리메라리가 FC 바르셀로나 팀에서 리그, 컵 대회 등에서 모두 73골을 넣었다. 당연히 그 해에 발롱도르상도 받았었다.

메시는 '월드컵 우승컵'도 갖고 있다. 2014 브라질 월드컵에서는 아르헨티나가 준우승에 그쳤음에도 불구하고 어색하게 골든볼(최우수 선수)을 수상했다. 당시 골든볼을 들고 단상을 내려오면서 월드컵을 부럽게 바라보던 장면이 전 세계에 전파되기도 했었다.

그러나 2022 카타르 월드컵에서는 아르헨티나를 우승 시키면서 두 번째 골든볼을 받았고, 7골로 득점 2위에 오르기도 했다.

고 디에고 마라도나는 1986년 멕시코 월드컵 때 아르헨티나 우승의 주역이었다.

마라도나는 멕시코 월드컵 준결승전(벨기에 2대0 승)에서 2골을 넣는 등 모두 5골을 터트리며 팀 우승에 결정적인 역할을 했었다.

그 가운데 잉글랜드와의 8강전에서 터트린 2골은 모두 월드컵 역사에 기념될 만한 골이었다. 후반 6분에 넣은 선제골은 손으로 집어넣었는데, 마라도나는 "그것은 내 손이 아니라 신이 손이었다"고 말해 인구에 회자되었고, 전반 9분경, 하프라인에서 볼을 잡은 후 잉글랜드 수비수 5명과 쉘튼 골키퍼까지 제치고 넣은 골은 월드컵 역사상 가장 위대한 골로 인정을 받고 있다.

마라도나는 그 후 유럽 무대에 진출해서 세리에 A 리그 나폴리 팀에서 1984년부터 1991년까지 7시즌 동안 팀을 두 차례 (1987~1988, 1999~1990)나 우승시켰다.

마라도나의 가장 큰 장점은 '마라도나 교'가 있다는 점이다.

마라도나 교는 지난 1998년 10월 마라도나의 38번째 생일을 맞아 아르헨티나 현지 축구팬들이 창설한 패러디 종교다. 가톨릭을 기반으로 하고 있고, 마라도나가 평소 했었던 말 "축구를 무엇보다 사랑하라", "첫 아들의 이름을 디에고로 지어라" 등을 십계명으로 하고 있다.

지금은 아르헨티나뿐만 아니라 멕시코 등에 50만 명이 넘는 신자가 있다.

고 펠레는 전무후무한 3개의 월드컵을 갖고 있다. 1958년 스웨덴 월드컵, 1962년 칠레 월드컵 그리고 1970년 멕시코 월드컵이다.

펠레는 1958년 스웨덴 월드컵 웨일스와의 8강전에서 17세 239일의 나이로 골을 넣어 월드컵 역대 최연소 득점자로 이름을 올렸고, 프랑스와 준결승에서는 해트트릭을 작성해 이 부문 역시 최연소(17세 244일) 기록을 보유하고 있다.

펠레는 1956년부터 1977년까지 선수 생활을 했었다.

미국 뉴욕 코스모스에서 뛴 마지막 3시즌을 제외하고 그는 줄곧 브라질 명문 산투스FC 소속이었다.

그는 산투스 팀에서 리그 우승을 6번이나 했었고, 남미 클럽 대항전인 코파 리베르타도레스를 2연패했다.

현역으로 뛰는 동안 공식전에서만 757골을 넣었다. 비공식 경기까지 합해 모두 1,283골을 넣었다.

펠레의 가장 큰 업적은 축구를 '예술의 경지'까지 끌어 올렸다는 점이다.

11. 월드컵 '4대 천왕'의 약점들

리오넬 메시는 2018 러시아 월드컵 조별리그 D조 1차전에서 아이슬란드를 상대로 페널티킥 득점에 실패했고, 아르헨티나는 1대1로 비겼다.

득점, 드리블, 패스까지 축구에 관해서라면 모자랄 것이 없어 보이는 '축구의 신(神)' 리오넬 메시(바르셀로나)에게도 약점은 있다. 바로 페널티킥이다.

메시는 클럽과 아르헨티나 국가대표 선수생활을 하는 동안 무려 24차례나 페널티킥을 실패했다.

메시는 "페널티킥을 잘 차는 비결을 알았으면 좋겠다. 나도 내가 왜 페널티킥에 약한지 모르겠다"고 말했다.

메시는 지난 2022 카타르 월드컵 프랑스와의 결승전이 끝난 후 승부차기에서 골을 성공시켜 아르헨티나가 우승을 차지하는 데 기여를 했다.

'골든보이'로서 부와 명예를 누리던 고 디에고 마라도나는 마약의 늪에 빠졌다.

마라도나는 코카인에 중독돼 15개월간 약물 사용 금지 처분을 받기도 했었다. 1994년 미국 월드컵에선 에페드린 사용으로

15개월 출장 정지를 당했다. 자택 앞에 진을 친 기자들을 향해 공기총을 발사하는 기행을 벌여 구설수에 오르기도 했다.

은퇴 이후에도 갖가지 중독 문제에 시달렸다. 마약과 술, 시가에 푹 빠진 그는 심장과 호흡기 문제를 겪었다. 체중도 크게 늘었다. 2004년에는 중환자실에 입원해 인공호흡기 생활을 하기도 했다. 돈 문제도 있었다. 2000년대 후반에는 세금 문제로 골머리를 앓기도 했었다.

고 펠레는 '펠레의 저주'에 시달려야 했다. 펠레가 예상을 하면 거의 틀린다는 것인데, 그의 축구 철학이 축구 실력보다는 조금 모자랐기 때문에 생긴 현상이었다.

펠레 저주의 시작은 1966년이다. 당시 브라질 대표팀 소속으로 잉글랜드 월드컵에 출전한 펠레는 "우리는 우승하기 위해 이곳에 왔다. 줄리메컵은 브라질의 영광을 지켜줄 것"이라고 말했다. 그러나 펠레는 첫 경기에서 부상을 당했고 브라질은 예선 탈락하고 말았다. 펠레가 1971년을 끝으로 대표팀에서 은퇴한 뒤 본격적인 '저주' 행렬이 시작됐다.

펠레는 1974 서독 월드컵에서 아르헨티나, 1978 아르헨티나 월드컵에선 서독, 1982 스페인 월드컵에선 브라질과 아르헨티나, 1986 멕시코 월드컵에선 프랑스와 잉글랜드, 1990년 이탈리아 월드컵에선 우루과이와 이탈리아를 우승 후보로 점쳤지만 한 번도 맞히지 못했다.

1994 미국 월드컵에선 콜롬비아를 우승 후보 1순위로 꼽았는데 콜롬비아는 조별리그에서 탈락했다. 설상가상으로 자책골을 넣었던 콜롬비아 수비수 에스코바르가 대회 후 피격 당해 사망하면서 펠레의 저주가 본격적으로 전 세계에 각인되기 시작했다.

펠레는 1998 월드컵에선 브라질의 2연패와 스페인을 우승 후보로 꼽았지만 역시 맞추지 못했고 2002 한·일 월드컵에선 지역 예선에서 부진했던 브라질이 1라운드도 통과하지 못할 것이라 예측했지만 브라질은 전승으로 우승을 차지했다.

그 후 2006, 2010 월드컵에서도 펠레의 우승 예언은 저주로 이어졌는데, 다행히 2014 러시아 월드컵에서야 우승팀을 맞혔다. 당시 펠레는 스페인과 독일을 우승 후보로 꼽았는데 스페인이 조별리그에서 탈락한 반면 독일은 우승컵을 거머쥐었다.

2019년 7월 26일 서울 월드컵경기장에서 벌어진 팀 K리그와 유벤투스 FC와의 친선경기에서 크리스티아누 호날두는 선발 명단에서 빠져있었다.

유벤투스 FC와의 친선경기 계약 조건에 '호날두가 45분 이상 출전 한다'라는 내용을 포함했다고 알려져 관중들은 후반전에 그가 나오길 기대했다. 그러나 기대는 실망감으로 변했다. 유벤투스 FC가 선수 8명을 교체하는 동안 호날두는 미동도 하지 않은 채 경기가 끝날 때까지 벤치를 지켰다. 또한 그날 오후 4시부터 예정됐던 팬미팅과 사인회 행사에 호날두가 경기 준비를 핑계로 나타나지 않아 많은 팬들이 더욱 분노했다.

당시 유벤투스 FC의 감독이던 마우리치오 사리는 "호날두의 근육 상태가 좋지 않아 안 뛰도록 결정했다"라고 설명했다. 그러나 호날두는 바로 다음날 귀국하자마자 러닝머신 위에서 뛰는 모습을 SNS에 올려 한국 팬들에게 더 큰 실망을 안겨주었다. 그날 경기 노쇼 사건을 계기로 '우리 형'으로 불리던 크리스티아누 호날두는 '날강도'와 '호날두'를 합친 '날강두'라고 불리게 되었다.

지난 2022년 4월에 있었던 프리미어리그 34라운드 맨체스터 유나이티드 대 에버튼전에서 패배한 호날두는 라커룸으로 돌아가기 위해 터널을 지나가던 중 사고를 일으켰다.

자신을 촬영하고 있는 14살 에버튼 팬의 손을 쳐내면서 휴대폰을 망가뜨리고 손에 타박상을 입혔다. 아이에게 상해를 입힌 데다 그 아이가 '행동 곤란증'을 앓고 있는 자폐아라는 것이 밝혀지면서 아동 구호 단체인 세이브 더 칠드런은 호날두의 앰버서더 자격을 박탈하기까지 했다.

제5장

월드컵의 이면(裏面)

제5장

월드컵의 이면(裏面)

1. 신성한 월드컵 무대에서 똥을

1990년 이탈리아 월드컵은 독일(당시 서독)이 브라질에 이어 월드컵 사상 3번째 우승을 차지한 대회다. 당시 잉글랜드 대표팀 간판 골잡이였던 게리 리네커가 1990년 6월 11일 세인트 엘리아 스타디움에서 벌어진 조별 예선 F조 첫 경기 아일랜드 전 시합 도중 변을 못 참아서 그대로 그라운드에 큰일을 봤었다고 나중에 실토했다.

게리 리네커는 그날따라 속이 좋지 않은 상황에서 경기를 하던 도중, 상대 선수에게 무리하게 태클을 하다가 대변을 그라운드에 넣어버렸다고 한다. 마침 야간 경기였고, 비가 온 상태라 유니폼이 더러워졌기 때문에 티가 나지 않았다고 한다.

리네커는 변을 본 후에 경기 도중 그라운드에 자주 누워서 유니폼 하의를 문질러서 똥이 묻은 자국을 지우는 치밀한 방법으로 은폐를 했다고 한다.

또한 강아지처럼 그라운드를 파서 묻어버리는 치밀함까지 보였다. 리네커의 이같은 행동을 경기 내내 3만여 관중은 물론 기자들도 눈치채지 못했다.

리네커는 그 경기에서 전반 8분에 선제골을 터트렸고, 아일랜드의 쉬디 선수에게 동점골을 얻어맞아 경기는 비겼다.

리네커의 잉글랜드는 F조에서 1승 2무로 네덜란드 아일랜드와 함께 16강전에 진출해서 벨기에를 1대0으로 꺾고 8강에 올랐다. 8강전에서는 개막전에서 전 대회 우승팀 아르헨티나를 1대0으로 꺾고, '아프리카 돌풍'을 일으켰던 카메룬을 3대2로 제압하며 4강전에 진출했다. 리네커는 이 경기에서 두 번의 페널티킥을 모두 성공시켰다.

그러나 준결승전에서 서독과 1대1로 비긴 후 연장전까지도 승부가 나지 않아 승부차기까지 가서 패하고 말았다. 이 경기에서도 리네커의 활약이 돋보였는데, 리네커는 잉글랜드가 0대1로 뒤져 패색이 짙던 후반 35분에 동점골을 넣어 승부를 연장전으로 몰고 갔다.

리네커가 똥을 싸면서 넣은 4골은 이탈리아의 스킬라치(6골), 체코슬로바키아의 스쿠흐라비(5골)에 이은 득점 3위에 해당되는 기록이었다.

리네커는 그로부터 4년 전에 벌어진 1986년 멕시코 월드컵에서는 6골로 득점왕을 차지했는데, 만약 잉글랜드가 8강에서 탈락하지 않았다면 더욱 많은 골을 넣을 뻔했다. 리네커는 월드컵 본선에서 모두 10골을 넣은 잉글랜드 축구 사상 최고의 득점기계였다.

악동으로 유명했던 리네커는 월드컵 본선 10골을 포함 A매치 80경기에 출전해서 48골을 터트렸다. 경기당 0.6골이라는 높은 득점력이었다.

2. 명 감독은 우승을 낳고

축구에서의 최고 명장을 가리려면, 세계 각국이 국력을 모두 기울여 총력전을 펴는 월드컵에서의 성적을 가장 중요한 잣대로 할 수밖에 없다.

유럽에서도 알아주는 미국의 축구전문기자 그래이엄 존스(LA 타임즈) 기자가 2005년 5월 23일자에서 '역대 월드컵 최고 감독 톱 10(World Cup: Top 10 coaches of all time)' 랭킹을 선정, 발표했었다.

1위는 서독의 축구 아이콘 헬무트 쇤, 2위는 토탈사커의 창시자 네덜란드 리누스 미셸, 3위는 1950년대 헝가리 무적함대를 이끌던 1954년 스위스 월드컵 헝가리 감독 구스타보 세베스, 1958년 스웨덴 월드컵, 브라질 월드컵 첫 우승 감독 비센치 페올라, 5위 1970년 멕시코 월드컵 브라질 우승으로 줄리메컵을 영구히 소유하게 한 브라질 마리우 자갈루, 6위 1934년, 38년 월드컵 2연속 우승 이탈리아 비토리오 포초, 7위는 1998년 네덜란드 4강, 2002 한·일 월드컵 한국 4강의 주역 네덜란드 거스 히딩크, 8위 브라질의 텔레 산타나 감독은 브라질 축구의 암흑기라는 1982년 스페인 월드컵, 1986년 멕시코 월드컵 브라질 8

강 탈락의 감독이었는데도 선정되었다. 9위 1978년 아르헨티나 월드컵, 아르헨티나 우승 감독인 홀리오 세자르 메노티, 10위에 잉글랜드를 1986년 월드컵 8강, 90년 이탈리아 월드컵 4강으로 이끈 바비 롭슨 감독 등이다. 10위 안에 브라질 감독이 3명이나 포함된 것이 눈에 띈다.

그러면 1위를 차지한 서독의 헬무트 쇤 감독은 어떤 감독인가?

헬무트 쇤 감독은 20년 동안 서독 축구 대표팀의 감독을 지냈었다. 1966년 잉글랜드 월드컵에서 서독을 준우승으로 이끌었고, 1970년 멕시코 월드컵 3위, 1974년 서독 월드컵 우승 그리고 1978년 아르헨티나 월드컵 6위를 차지했다. 4번의 월드컵에서 24전 16승 4무 4패를 기록했다.

헬무트 쇤 감독은 1966년 영국 월드컵, 영국과의 결승전에서 축구황제 베켄바워를 보비 찰튼 전담 마크로 소모시키는 등의 작전 미스로 결국 준우승에 머물렀다. 그러나 1970년 멕시코 월드컵 때는 잉글랜드와 8강전, 이탈리아와 4강전에서 월드컵 축구사에 길이 남을 명승부를 펼쳤고, 1974년에는 축구 천재 요한 크루이프가 이끄는 토탈사커의 창시자 네덜란드를 물리치고 대망의 월드컵 정상에 올랐다.

3. 골 세리머니

세리머니는 지구상에 스포츠가 존재할 때부터 있어왔다. 세리머니는 스포츠의 양념 같은 존재다.

만약 스포츠에 세리머니가 없다면 얼마나 싱거울까.

스포츠의 모든 종목에는 약간의 차이가 있기는 하지만 세리머니가 있다.

그것이 골이건, 승리의 순간 또는 우승의 순간이건 상관이 없다.

세리머니는 승리(혹은 골을 넣은)자의 특권이다.

패배자의 세리머니는 없다.

세리머니가 더욱더 관심을 모으기 시작한 것은 1994년 미국 월드컵 브라질 대 네덜란드의 8강전이었다.

당시 브라질은 통산 4번째 우승을 노리고 있었고, 네덜란드는 첫 우승에 목이 말라 있었다.

1994년 7월 9일 미식 축구장인 코튼 볼 스타디움에서 벌어진 브라질 대 네덜란드의 8강전에는 7만에 가까운 63,998명의 대관중이 몰려들었다.

주심은 코스타리카의 바닐라, 부심은 바레인(알가탄)과 이란(파나에이)이 각각 맡았다.

전반전은 득점 없이 0대0으로 끝났다.

그러나 후반전에는 많은 골이 터졌다.

후반 7분 브라질의 호마리오가 선제골을 넣어 1대0으로 앞서 나가기 시작했다. 그로부터 불과 10분 후인, 후반 17분에 호마리오의 패스를 받아 베베토가 추가골을 넣어 브라질이 2대0으로 앞서가기 시작했다.

바로 추가골을 넣은 베베토가 그 유명한 '아기 어르기' 골 세리머니를 한 것이다.

미국 월드컵이 열리기 직전 아들을 얻은 베베토는 엔드라인 쪽으로 달려가 두 팔로 요람을 흔드는 동작을 취했고, 호마리오 등 동료 선수들이 그 동작을 따라 하면서 합동 골 세리머니를 펼쳤다.

이 경기는 결국 브라질이 펠레 스코어인 3대2로 이겼고, 브라질은 결승전까지 올라, 이탈리아와 0대0으로 비긴 후 승부차기에서 이탈리아의 세계적인 골게터 로베르토 바조의 실축에 힘입어 3대2로 이기고 월드컵 4번째 우승을 차지했다. 베베토로서는 '월드컵 복덩이'를 낳은 셈이다.

한국 팬에게 가장 인상적인 골 세리머니는 2002 한·일 월드컵 한국 대 독일전 안정환의 골 세리머니다.

한국은 미국에 0대1로 끌려가다가 안정환 선수가 극적인 동점골을 터트렸는데, 골을 터트린 안정환 선수 등 한국 선수들은 나란히 쇼트트랙 스피드스케이팅 선수 흉내를 냈고, 안정환의 뒤를 따르던 이천수가 할리우드 액션을 취함으로써 절정에 이르렀다.

안정환의 쇼트트랙 스피드스케이팅 세리머니는 그해 2월 미국에서 열렸던 2002 솔트레이크 시티 동계올림픽 쇼트트랙 스피드스케이팅 남자 1,500m 결승전에서 선두를 달리던 김동성의 뒤를 따르던 미국의 안톤 오노가, 김동성이 진로 방해를 했다는 듯 뒤에서 할리우드 액션을 취해 결국 1위로 돌아온 김동성의 금메달이 취소되고, 2위로 들어온 안톤 오노가 금메달을 땄는데, 안정환 등 한국 선수들이 미국과의 경기에서 골을 터트리면 그 장면을 재현하는 골 세리머니를 펼치자고 약속을 했었던 것이다.

세리머니도 지나치면 징계를 받는다.

심판은 세리머니를 하면서 시간을 너무 끌거나, 웃통을 벗는 등의 일탈적인 행동을 하면 옐로카드(또는 레드카드)를 준다.

프랑스 AS 모나코의 박주영 선수는 기도 세리머니를 펼치다 부상을 당해 2011 카타르 아시안컵 축구대회에 출전하지 못했었다.

박주영은 2010년 12월 23일 벌어진 FC 소쇼와의 정규리그 경기에서 후반 추가 시간에 극적인 결승골을 터트린 후 의례 그랬듯이 터치라인 쪽으로 달려가 무릎을 꿇고 기도하는 세리머니를 펼쳤는데, 그 과정에 팀의 동료 선수들이 일제히 박주영의 몸 위로 올라타서 축하해 주는 순간, 무릎에 무리한 힘이 가해지는 바람에 무릎뼈를 다쳐 아시안컵에 나지지 못했음은 물론, 거의 한 달간 경기에 출전하지 못했었다.

그래서 일부 팬들은 박주영이 기도 세리머니를 하되, 그라운드에서 무릎까지 꿇지는 말고, 천주교 신자가 성호를 긋듯이 살짝 십자가를 그리는 것으로 대신하면 어떨까? 하는 아쉬움을 토로하는 사람도 많았다.

앞서 언급했듯이 축구뿐만 아니라 모든 스포츠에 세리머니가 있다.

격정의 세리머니는 본인뿐만 아니라 관중이나 TV로 경기를 시청하는 시청자들에게 엄청난 즐거움을 주는 게 사실이다.

그러나 과거 프로야구 삼성 라이온즈의 이만수 선수처럼 너무 지나친 '홈런 세리머니'로 다음 타석에 들어섰을 때 상대 투수에게 '몸에 맞는 볼'을 허용해 자주 부상을 당하는 경우도 있다.

세리머니를 하되 상대 팀(선수들)에 굴욕감을 주거나, 불쾌감을 주는 등의 지나친 행동은 삼가야 할 것이다.

4. 섹스도 섹스 나름

오래전부터 스포츠와 섹스의 상관관계는 '스포츠 생리학'의 화두(話頭)였다.

마치 '닭이 먼저냐 알이 먼저냐'의 논쟁처럼, 섹스가 스포츠에 긍정적이냐 부정적이냐는 스포츠 생리학이 극도로 발달된 아직까지도 답이 나오지 않고 있다.

2010 남아공 월드컵을 앞두고 재미있는 통계가 있었다.

남아공 월드컵에 출전한 각국의 감독들은 저마다 자신의 신념(섹스 관)을 실천했다. (한국의 허정무 감독은 매우 보수적이어서 대회가 끝날 때까지 일절 허용하지 않았다)

아르헨티나(마라도나 감독), 브라질(둥가 감독) 등 남미 쪽 국가들은 '섹스도 사생활'이라면서 선수 개개인의 판단에 맡겼다.

그러나 잉글랜드 등 유럽 파들은 대부분 허용하지 않았다.

특히 잉글랜드의 파비오 카펠로 감독, 프랑스의 레몽 도메니크 감독 등은 대회 기간 동안 왝스(WAGS)라 불리는 선수들의 아내와 여자친구와의 접촉을 철저하게 금지시켰다.

그러니까 남미 쪽 팀들은 비교적 섹스로부터 자유로웠고, 유럽 팀들은 통제를 받았다.

그런데 결과가 매우 재미있게 나타났다.

예선에서는 섹스를 억제한 프랑스, 잉글랜드 등이 16강 진출에 실패하고 일찌감치 보따리를 쌌다.

그러나 섹스를 방임한 아르헨티나 브라질 등은 당당하게 2라운드(16강)에 진출했다.

하지만 아르헨티나는 8강전에서 독일에 0대4로 대패를 당했고, 브라질도 8강전에서 네덜란드에 1대2로 역전패를 당해 탈락했다.

남아공 월드컵 4강은 남미 1팀(우루과이) 유럽 3팀(스페인, 네덜란드, 독일)이 올랐고 결승전은 스페인 대 네덜란드의 유럽 팀끼리 맞붙었다.

남아공 월드컵의 결과를 보면, 축구와 섹스는 일시적으로는 괜찮지만, 장기적으로는 좋지 않은 셈이다.

스포츠와 섹스.

문제는 시간 차인 것 같다.

스포츠에서 말하는 섹스는 대개 경기 하루 전의 섹스를 말하는 경우가 많다.

축구 같은 격렬한 스포츠도 국제축구연맹(FIFA)은 2일(48시간)이면 회복이 가능하다고 보고, 축구 경기를 치른 후 48시간 이내에는 다음 경기 일정을 잡지 않도록 권고하고 있다. 아무리 격렬한 섹스라도 48시간이면 회복이 되기 때문에 섹스가 경기에 지장을 주는 것은 하루 전 섹스를 말하는 것이다.

흔히 섹스를 운동과 비교해서 '대략 30분 정도' 성관계는 심폐 기능을 향상시켜 뇌졸중이나 심장병의 위험을 줄이고, 혈액순환을 잘 되게 하는 긍정적인 효과가 있다고 한다.

다만 육체적으로 힘을 써야 하기 때문에 약 300kcal의 에너지가 소모된다고 한다. 육상으로 환산하면 4~5km 자신이 달릴 수 있는 중간 정도의 스피드로 뛰는 것과 같은 효과라고 할 수 있다.

결국, 경기 하루 전의 섹스는 각 종목별로 차이가 있다고 할 수 있다.

종목이 신체의 어느 부위에 힘을 써야 하느냐, 여자 선수냐 남자 선수냐에 따라 다를 수 있기 때문이다.

스포츠 생리학자들은 다리를 많이 쓰는 종목, 즉 축구나 육상 같은 종목은 도움이 되지 않는 것으로 보고 있다.

남성 호르몬인 테스토스테론의 농도가 줄어들기 때문이다.

섹스를 할 때 테스토스테론이 많이 생성되는데, 테스토스테론의 농도가 줄어들면 공격적인 힘이 약해질 뿐만 아니라 옥시토신과 바소프레신의 분비로 몸이 피곤해진다. 만약 이튿날 그 피곤한 상태가 완전히 회복되지 않은 채 경기에 임하면 아무래도 경기력이 떨어질 수밖에 없기 때문이다.

그러나 팔과 손을 많이 쓰는 탁구, 배드민턴, 테니스라든가 전신 운동인 수영 등은 축구나 육상 보다 덜 영향을 받는다.

그러나 여성의 경우는 남성의 반대다.

여성은 섹스를 하면 평소 때는 별로 나오지 않던 테스토스테론이 더 많이 생성된다. 없던 힘이 나오는 것이다. 그래서 발을 많이 쓰는 육상이나 여자 축구 선수들에게 오히려 도움이 되는 것이다.

탁구 배드민턴 등 다른 종목은 말할 것도 없고.

또한 멘탈 스포츠, 즉 사격 양궁 또는 골프 같은 종목은 전날 섹스를 하면, 아무래도 푹 잘 수 있기 때문에 다음 날 집중력이 생겨 좋은 점수를 얻을 가능성이 높다.

5. 최단 시간 골

불명예스럽게도 월드컵 본선 최단 시간 골은 한국이 기록하고 있다.

2002 한·일 월드컵 한국과 튀르키에의 3·4위전에서 튀르키에의 하칸 수쿠르는 한국의 수비수 홍명보 선수의 공을 빼앗아 경기 시작 10.89초 만에 골을 성공시켰다.

이 경기에서 튀르키에는 한국을 3대2 펠레스코어로 꺾고 3위를 차지했고, 한국은 4위에 머물렀다.

월드컵이 아닌 축구 경기에서 최단 시간에 나온 골은 경기 시작 불과 2초 만에 터진 골이다.

2009년 11월 7일 사우디아라비아컵 대회에서 이영표가 뛰었던 알 힐랄 팀의 나오프 알 아베드 선수가 알 쇼알라와의 경기에서 킥오프 된 골을 받아서 하프라인에서 그대로 왼발 강슛을 시도해 골로 연결했다.

그 시간에 불과 2초 만이었다.

알 힐랄은 알 아베드 선수의 기습 선제골로 기선을 제압한 후, 알 쇼알라와를 4대0으로 대파했다.

알 아베드 선수의 최단 시간 골에 이어서 2011년 9월 러시아

프로 축구 2부 리그에서 단 4초 만에 골이 터졌다.

러시아 2부 남부리그의 미토스 노보체르카스크와 올림피아 젤젠지크와의 경기에서 미토스의 미드필더 미카일 오시노프는 킥오프 돼서 팀 동료 선수가 뒤로 패스한 공을 그대로 슛을 날려 골을 성공 시켰다.

경기 시작 불과 4초 만이었다.

알 힐랄의 알 아베드와 미토스의 오시노프의 차이는, 알 아베드는 팀 동료가 앞으로 밀어준 공을 강하게 차서 2초 만에 골을 넣었고, 오시노프는 팀 동료가 뒤로 밀어준 공을 약하게 찼기 때문에 골이 들어가는 시간이 4초나 걸렸다.

6. 축구 경기장에 시체가

2011년 3월 28일 콜롬비아 1부 리그 쿠쿠타 데포르티보 팀의 홈구장인 제네랄 산탄데르 구장에서 벌어진 쿠쿠타 데포르티보와 엔비가도 팀의 경기에서 관중석에 실제 사람의 시체가 들어있는 관이 등장했다.

검은색 천에 쌓인 관 속에 들어있는 시체의 주인공은 17살의 크리스토퍼 야콥이었다.

야콥이 동네 공원에서 축구를 하다가 암살자에게 살해되었다. 그러자 야콥의 친구들과 가족들이 야콥의 시신이 든 관을 들고 축구장을 찾은 것이다.

그들은 야콥이 살아 있었다면 자신이 응원하는 쿠쿠타 데포르티보 팀의 경기를 반드시 관전했었을 것이기 때문에 관을 들고 축구장을 찾았다고 주장했다.

한편 쿠쿠타 팀의 팀 닥터 훌리오 리베라 씨는 "관 속을 보니 크리스토퍼 야콥이 들어있었다. 정말 충격을 받았다"고 말했다.

그러나 야콥이 죽어서까지 응원을 했는데도 불구하고 쿠쿠타 데포르티보는 원정팀 엔비가도 팀에게 이기지 못하고 1대1로 비기고 말았다.

7. 마라도나 교

축구 영웅 고 디에고 마라도나의 모국인 아르헨티나에는 마라도나를 믿는 '마라도나 교'가 있다.

마라도나를 광적으로 좋아하는 마라도나의 열성 팬인 바리오라 타블라타라는 사람이 1998년 10월 30일에, 마라도나의 38번째 생일을 맞이하던 그날 정확히 0시 15분에 창시했다.

디에고 마라도나를 신으로 숭배하는 이 종교는 그 기원이 로마 가톨릭에서 시작되었으며, '여호와를 영의 아버지로, 마라도나를 육체의 아버지로' 숭배하는 기본 이념을 갖고 있다. 마라도나 교는 전 세계 수십 개국에 수십만 명의 신도가 있는 것으로 알려지고 있다.

마라도나 교는 마라도나의 생일인 10월 30일이 크리스마스이고, 1986년 멕시코 월드컵 아르헨티나와 잉글랜드의 8강전에서 마라도나가 '신의 손' 사건을 일으킨 6월 22일이 오순절이다.

그런데 마라도나가 1994년 미국 월드컵 도중 금지 약물을 복용한 혐의를 받아서 월드컵에서 영구히 출전 정지를 당한 날은 왜 그냥 넘어가는 걸까.

마라도나 교는 마라도나가 죽으면 없어지는 건가?

만약 마라도나가 죽더라도 존재한다면 사망일은 무슨 날이
되는 거지?

8. 축구의 승부차기

1994년 미국 월드컵은 브라질과 이탈리아의 결승전이 연장전 포함 120분간 0대0 무승부를 이룬 끝에 승부차기를 해서 결판이 났다.

이탈리아가 선축을 했지만 4명의 키커까지 바레시, 마사로가 실축을 했고, 알베르티니, 에바니 두 선수만 성공을 했다. 그러나 브라질은 첫 번째 키커 산토스만 실축을 했을 뿐 호마리오, 브랑코, 둥가가 성공시켜서 3대2로 앞서고 있었다.

이제 이탈리아의 5번째 키커 로베르토 바조가 성공시키면, 3대3이 된다. 브라질의 5번째 키커가 실패하면 6번째 키커들이 승부를 가릴 수도 있었다.

그러나 바조가 실축을 하면 그대로 경기가 끝이 난다. 그런데 바조가 그만 실축을 했다.

만약 승부차기에서 이탈리아가 브라질을 물리치고 이겼다면, 세계의 축구 역사가 바뀔 뻔했다.

비록 '월드컵 3회 우승'은 브라질이 가장 먼저 달성했지만, 94년 미국 월드컵 이탈리아 우승으로 이탈리아는 가장 먼저 4번 우승한 나라가 돼서 세계 축구계의 주도권을 잡을 수 있었다. 그러나 브라질이 우승을 함으로써 브라질이 가장 먼저 4번째 우승을 차지했고, 브라질은 2002 한·일 월드컵에서도 가장 먼저 5번째 우승을 달성하여 세계 축구 최강 국가로 자리매김했다.

한국의 전 국가대표 이운재 골키퍼는 승부차기의 달인이었다. 이운재는 나름대로 승부차기의 철학이 있었다.

이운재는 자신의 저서 '이기려면 기다려라'에서 '승부는 끝까지 상황을 파악하고 마지막까지 냉정함을 잃지 않는 자에게 (행운이)찾아온다'고 썼다.

이운재는 승부차기(페널티킥 포함)에 관한 한 달관한 사람처럼 보인다.

이운재는 말레이시아 쿠알라룸푸르 부키드 잘릴 국립경기장에서 벌어진 2007 아시안컵 축구 한국 대 이란의 120분간의 혈투, 0대0 무승부 끝에 벌어진 승부차기에서 2개의 킥을 막아내 한국에 4대2 승리를 안겼다.

이운재는 경기가 끝난 직후 공동취재구역에서 "상대 키커가 실축을 했다고 생각한다. 내가 잘 막았다기보다는 볼을 잘못 찼기 때문에 막아낼 수 있었다"라고 말했다.

또한 "승부차기는 골키퍼보다 키커의 부담이 더 크다. 5명 가운데 몇 명은 실수를 하기 마련인데 이 기회를 잘 살리면 골키퍼는 최고의 선방을 펼친 것이 된다"라고 말했다.

이어서 이운재는 "승부차기는 먼저 차는 팀이 나중에 차는 팀보다 유리하다, 왜냐하면 먼저 차는 팀 선수는 자신이 실축을 하더라도, 자신의 팀 골키퍼가 상대 선수의 킥을 막아 내거나 상대선수의 실수를 기다릴 수 있기 때문에 심리적으로 나중에 차는 팀보다 더 안정적이기 때문이다"라고 말했다.

그날 한국과 이란의 승부차기는 소위 말하는 '이운재의 승부차기 이론'이 다 들어가 있다.

우선 이운재가 말하는 '승부차기는 키커가 부담이 더 크기 때문에 반드시 몇 명은 실수 하게 되어 있다'는 말처럼 한국은 3번째 키커 김두현, 이란은 2번째 키커 메디 마다비키아와 4번째 키커 라술 하티비가 실축을 했다. 그러니까 김두현을 포함해서 세 선수가 실수를 한 것이다.

그리고 이운재의 "골키퍼 사각(막을 수 없는 곳)으로 차면 지구상의 어느 골키퍼도 막을 수 없다"는 말처럼 이란의 첫 번째 키커의 슈팅은 이운재 오른쪽 골 퍼스트 근처로 들어와 도저히 막을 수 없었다.

실제로 골키퍼 11m 앞에서 차는 승부차기는 골키퍼가 막을 수 없는 사각으로 들어올 경우 0.2초 밖에 걸리지 않아 골키퍼 반응속도 0.5~6초 보다 2배 이상 빨리 들어오기 때문에 막을 수 없다.

다만 이란의 두 번째 키커 마다비키아의 킥은 비록 강하게 날아왔지만 이운재가 방향을 읽었고, 또 이운재가 예측했던 방향뿐만 아니라 충분히 막을 수 있는 각도로 날아왔기 때문에 쳐 낼 수 있었다.

4번째 라울 하티비의 킥이 이운재에게 행운을 가져다준 킥이었다.

이운재는 하티비의 킥 방향을 잘못 읽고, 오른쪽으로 점프를 했으나 공은 왼쪽으로 날아왔는데, 각이 완만해서 오른쪽으로 슬라이딩을 하는 이운재의 왼발에 걸리고 말았다.

이운재는 2002 한·일 월드컵 스페인과의 8강전에서도 선방을 했었다.

당시 한국과 스페인은 월드컵 8강전답게 3번째 키커까지 모두 성공을 하고 있었다. 한국은 4번째 키커 안정환이 침착하게 성공을 했고, 스페인의 4번째 키커 호아킨은 나이가 어리고 경험이 부족한 선수였다.

이운재는 호아킨의 불안한 심리를 읽고 있었고, 발 모양을 보고 왼쪽으로 몸을 날려 킥을 잡아냈었다.

2002 한·일 월드컵 8강전 스페인과의 승부차기에서도 역시 한국이 선축을 했었다.

2011 카타르 아시안컵 축구 한국 대 일본의 준결승전 경기는

연장까지 가는 접전 끝에 2대2로 비긴 후 승부차기에 들어갔다.

일본의 선축이라 이운재의 지론에 의하면 일본이 유리했다. 역시 한국은 구자철, 이용래의 숏이 일본의 가와시마 에이지 골키퍼의 선방에 막혔다.

당시 일본 축구의 약점이 골키퍼로 분석되었었는데, 가와시마 에이지가 기가 막히게 잡아낸 것이다. 한국은 세 번째 키커 홍정호가 실축을 하는 바람에 0대3으로 완패를 당했다.

9. 축구 선수의 자살

축구 선수도 자살을 한다

2010 남아공 월드컵 D조 예선 독일 대 호주의 경기가 벌어지고 있는 독일 벤치에는 주인 없는 유니폼 한 벌이 놓여있었다.

등번호 1번이 달려 있는 유니폼이 주인공은 로베르트 엔케 전 국가대표 골키퍼 것이었다.

로베르트 엔케는 남아공 월드컵 독일 팀의 주전 골키퍼로 발탁이 되었지만, 2009년 11월 11일 달리는 열차에 몸을 날려 자살했다. 그때 엔케의 나이가 골키퍼로서 한창 절정의 나이인 32살이었다.

엔케는 2004년 스페인 프로 축구 명문 FC 바르셀로나에서 뛰었고, 2004년부터는 독일 분데스리가 하노버 팀의 주전 골키퍼로 196경기에 출전했고, 국가대표 골키퍼로 발탁되어 6경기를 소화하고 남아공 월드컵 대표로 선발된 상태였다.

훌륭한 골키퍼가 많이 나오는 독일은 2002 한·일 월드컵 최우수 선수에 빛나는 올리버 칸이 은퇴한 이후 옌스 레만이 2008 유럽컵 축구대회를 끝으로 은퇴, 사실상 엔케 시대로 접어들었었다.

독일 대표팀의 요하임 뢰프 감독도 엔케를 남아공 월드컵 독일 대표팀의 주전 골키퍼로 낙점을 한 상태였다.

그러나 엔케는 2010년 6월 11일, 남아공 월드컵이 열리기 꼭 7개월 전인 2009년 11월 11일 새벽 6시경 하노버의 한 철길에서 달리는 열차에 몸을 날렸다.

엔케는 자살하기 3년 전인 2006년 당시 2살 된 딸 라라를 선천성 희귀 심장병으로 잃은 후 우울증을 앓기 시작해, 자살을 할 당시에는 우울증이 더욱 심해진 것으로 알려졌다. 자살하기 6개월 전인 2009년 5월에는 먼저 하늘나라로 보낸 딸을 잊기 위해 당시 8개월 된 여자 아기를 입양했지만, 그래도 딸을 잊지 못했던 것 같다.

엔케는 자살하기 직전 딸의 무덤을 찾아 무덤 위에 "Lala, Papa Kommt(라라, 아빠가 간다)"고 써놓은 것으로 보아, 먼저 하늘나라로 간 딸이 너무나 보고 싶어서 축구 선수로는 최고의 자리인, 독일 국가대표 골키퍼, 월드컵 첫 출전 그리고 부인의 사랑 등도 별 위안이 되지 못했던 모양이다.

엔케는 딸을 잃은 후 3~4년 동안 우울증에 시달리면서도 경기에 출전을 했었고, 자살하기 이틀 전에도 정규리그에 출전했었다.

독일은 엔케의 유니폼(영혼)이 지켜보는 가운데 2010 남아공 월드컵 첫 경기, 호주전을 4대0으로 이겼다.

엔케의 자살은 우울증이 얼마나 무서운가를 증명하고 있다.

우리나라에서도 지난 2011년 5월 6일 인천 유나이티드의 유망 골키퍼 윤기원 선수가 자살을 해서 축구 팬들을 안타깝게 했었다.

윤기원 선수는 5월 6일 오전 11시 50분 서울 서초구 원지동 경부고속도록 하행선 만남의 광장 휴게소 자신의 승용차에서 번개탄을 피워 자살을 했다.

윤기원 선수는 인천 유나이티드의 허정무 감독이 "2010년 우리 팀 최대 수확은 윤기원을 발견한 것이다"라고 했을 정도로 기대를 모으는 선수였다.

그날까지 인천 유나이티드가 치른 7경기에 출전, 7실점만 허용했고, 죽기 직전 몇 게임에는 송유걸 백선규 등 다른 골키퍼에게 주전 자리를 내주었었다.

10. 콜롬비아 월드컵, 두 번이나 총격에 희생당해

콜롬비아가 1994년 미국 월드컵 출전 선수에 이어, 2023 FIFA 호주 뉴질랜드 여자 월드컵에 출전하고 있는 선수의 남동생이 또 다시 총격에 희생당했다.

2023 국제축구연맹(FIFA) 호주·뉴질랜드 여자 월드컵에서 콜롬비아의 주전 수비수로 활약했었던 호렐린 카라발리의 남동생이 콜롬비아에서 총격에 의해 사망했다.

2022년 12월 15일(한국시간) 콜롬비아 칼리 지역의 경찰이 현지시간으로 14일 새벽, 한 나이트클럽에서 총격 사건이 발생했고, 그 과정에서 디제이인 카라발리의 남동생이 사망했다고 보도했다. 카라발리는 콜롬비아 대표팀의 주전 수비수로 이번 대회에서 사상 처음으로 8강에 오르는 데 기여했다.

콜롬비아는 29년 전에 벌어진 1994 미국 월드컵 때도 자책골을 기록했었던 안드레스 에스코바르 선수가 괴한의 총격에 희생되었었다.

1994년 미국 월드컵에 출전했었던 콜롬비아는 남미 예선에서 디에고 마라도나가 뛴 아르헨티나를 5대0으로 대파하면서, 펠레로부터 우승후보로 꼽혔었다.

그러나 콜롬비아는 미국 월드컵 A조 조별 예선 첫 경기에서 루마니아에 1대3으로 패했고, 미국과의 경기에서도 1대2로 패해 마지막 경기에서 스위스를 2대0으로 꺾었는데도 불구하고 1승 2패로 16강 진출이 좌절되었다.

당시 미국과의 경기에서 전반 33분 자책골을 기록했었던 안드레스 에스코바르(당시 27살) 선수는 일찌감치 귀국, 7월 2일 자신의 고향인 메데진의 한 술집에서 12발의 총알을 맞고 사망하고 말았다. 당시 다른 선수들과 감독은 귀국하지 않은 상황에서 자책골에 대한 책임을 지기 위해 스스로 조기 귀국을 했다가 참변을 당한 것이다.

에스코바르를 살해한 범인 카스트로는 43년형을 받았으나 26년으로 감형되었고, 2005년에 모범수로 석방되었다. 9년밖에 수형생활을 하지 않았다.

에스코바르가 자살골로 인해 살해당한 이후 축구에서는 '자살골'을 '자책골'로 부르기 시작했다.

11. 월드컵과 3명의 장애우들

2022 카타르 월드컵 H조 마지막 3차전 포르투갈전을 앞두고, 대한축구협회장(정몽규)이나 또는 정부 차원에서 포르투갈의 파울루 벤투 감독을 '자국과의 경기이기 때문에 승부조작 가능성이 있다'며 경질하고 체육부 장관을 월드컵 임시 감독으로 앉혔으면 어떤 일이 벌어졌을까?

아마 사이코패스 까지는 몰라도 소시오패스라는 말을 들었을 것이다.

당시 포르투갈은 2승으로 사실상 16강 진출을 확정 지었었고, 한국은 1무 1패로 포르투갈전을 반드시 이기고, 같은 시간에 벌어지는 우루과이와 가나의 경기에서 우루과이가 한 골, 또는 두 골 차로 이겨야만 16강이 가능했었다. 경기 결과 한국은 벤투 감독의 나라 포르투갈을 2대1로 이겼고, 우루과이가 가나를 2대0으로 제압해 한국과 우루과이는 승점이 같았(4점)지만 다득점(4대2)에서 앞서 한국이 16강에 오를 수 있었다.

그런데 월드컵에서 마치 소시오패스 같은 정신장애 짓을 한 사람이 있었다.

1974년 서독 월드컵 때 자이르는 아프리카 1위 팀으로 당당히 본선에 진출했다.

자이르는 막강 브라질, 유럽의 강호 유고 그리고 스코틀랜드와 2조에 속했다.

자이르는 스코틀랜드와 개막전에서 0대2로 패했지만 비교적 경기 내용이 좋았다.

그런데 유고와의 2차전을 앞두고 비디치 감독이 전격적으로 경질되었다. 자이레 정부 차원에서 비디치 감독이 유고 출신이기 때문에 유고 전에 최선을 다하지 않을 가능성이 높다는 이유로 내쫓은 것이다.

자이레의 군사 독재자 모두투 장군은 당시 자이레 팀의 단장으로 가있던 체육부 장관을 임시 감독으로 임명했다.

축구의 축자도 모르던 체육부 장관이 이끄는 자이레는 유고에 0대9로 월드컵 사상 최다 점수 차(1954년 스위스 월드컵 한국 대 헝가리 전 0대9와 타이)로 패했다.

모두투는 자이레의 임시 월드컵 감독이자 체육부 장관을 현지에서 경질했다. 정적인 체육부 장관을 제거하기 위한 음모였었던 것이다.

자이레는 자일징요, 리베리노, 피아짜 등 세계적인 스타플레이어들이 즐비한 브라질과의 마지막 경기에서 선전(0대4)을 하며 3전 전패로 탈락했다.

1회 우루과이 월드컵 홈팀 우루과이에는 오른팔이 없는 외팔이 선수 카스트로가 있었다.

　카스트로는 어렸을 때 오른쪽 팔을 다쳐서 잘라냈다. 카스트로가 달리는 모습은 마치 편익 비행하는 비행기처럼 불안정했지만, 우루과이에서는 가장 사랑받는 선수였다.

　우루과이는 3조 1차전에서 강호 페루를 후반 43분에 터진 카스트로의 오른발 슛으로 1대0으로 제압하고 개막전을 승리로 장식했다.

　카스트로는 아르헨티나와의 결승전에서도 우루과이가 3대2 박빙의 리드를 하던 후반 44분 쐐기골을 터트려, 월드컵 본선에서 2골을 넣으며 우루과이의 월드컵 첫 우승에 기여했다.

　세 번째 장애를 가진 선수는 가린샤 였다.

　브라질의 가린샤는 키(1m 69cm)도 작았지만 오른쪽 다리가 왼쪽 다리보다 6cm나 짧았다. 그러나 가린샤는 '악마의 드리블러'라는 소리를 들을 정도로 드리블에 관한 한 역대급 선수였다.

　가린샤는 펠레와 함께 1958년 스웨덴 월드컵, 1962년 칠레 월드컵에 출전했다.

　가린샤는 스웨덴 월드컵에서는 골을 넣지 못했지만, 칠레 월드컵, 개최국 칠레와의 준결승전에서 2골을 터트려 브라질이 칠레를 4대2로 제압하는 등 4골을 넣어 브라질이 두 번째 월드컵 우승(결승전 체코슬로바키아 3대1)을 차지하는 데 결정적인 역할을 했었다.

그러나 칠레와 준결승전에서 두 번째 골을 넣은 전반 31분 직후 퇴장을 당해 월드컵 역사상 골을 넣은 선수가 같은 경기에서 퇴장을 당하는 첫 번째 선수가 되었다.

그 후 골을 넣은 후 퇴장을 당한 선수를 가린샤 클럽 가입 선수로 부르고 있는데, 1998년 프랑스 월드컵 한국의 하석주, 2002년 한·일 월드컵 브라질의 호나우지뉴, 2006년 독일 월드컵 프랑스의 지단 등이 가린샤 클럽 멤버들이다.

가린샤는 54번의 A매치에서 34골을 넣었고, 1983년 1월 20일 49세의 나이에 알콜 중독으로 사망했다.

12. 월드컵과 발롱도르상

　발롱도르는 그해 전 세계 최고의 축구 선수에게 주어지는 가장 명예로운 상이다.

　따라서 '지구촌 최고의 축구 잔치 월드컵'이 벌어지는 해에는 월드컵에서 맹활약을 한 선수가 받을 가능성이 매우 높다.

　2018 러시아 월드컵에서 크로아티아는 준우승에 머물렀지만, 루카 모드리치(레알 마드리드)가 골든볼을 수상했고, 그해 발롱도르상도 받았다. 모드리치는 키는 1m 72cm로 작지만 창조적인 플레이의 대명사로 세계 최고의 플레이메이커로 불린다. 2016 클럽 월드컵 실버볼, 2017 클럽 월드컵 골든볼 그리고 2018년에는 발롱도르상뿐만 아니라 FIFA 올해의 선수상도 받았다.

　2006 독일 월드컵 결승전에서 이탈리아는 프랑스를 1대1 무승부 끝에 승부차기에서 5대3으로 이겨서 사상 4번째 우승컵을 안았다. 당시 골든볼은 준우승팀 프랑스의 지네딘 지단이 차지했고, 파비아 칸나바로는 이탈리아가 단 2골만 허용하고 우승을 차지하는 데 결정적인 역할을 했는데도 불구하고 FIFA 기술위원회 선정 '인상적인 수비수 7명'가운데 한 명에 지나지 않았다.

그러나 파비아 칸나바로는 2006 발롱도르상을 받으면서 명예를 회복했다.

2002 한·일 월드컵에서 브라질의 호나우두는 득점왕(8골)을 차지하면서 브라질을 5번째 월드컵 우승을 시키고도 골든볼을 독일 골키퍼 올리버 칸에게 내주었다.

그러나 호나우두는 2002 발롱도르상을 받으며 어느 정도 명예를 회복했다. 1998년 프랑스 월드컵에서 프랑스는 첫 우승을 차지했는데, 프랑스 팀의 보석 지네딘 지단은 골든볼을 브라질의 호나우두에게 빼앗겼다. 그러나 그해 발롱도르 상을 받았다.

1990년 이탈리아 월드컵에서 서독은 통산 세 번째 우승을 차지했지만 골든볼과 골든슈는 이탈리아의 살바토레 스칼라치(6골)가 독식을 했다. 우승팀 서독의 핵심 멤버 로타어 마테우스는 실버볼에 그쳤지만, 역시 그해 발롱도르상을 수상하며 영예롭게 마무리했다.

1982년은 이탈리아의 파울로 로시의 해였다. 파울로 로시는 월드컵 우승, 월드컵 골든볼, 골든슈(6골) 그리고 발롱도르상 수상 등 축구에 관한 모든 영예를 다 누렸었다.

1974년 서독 월드컵에서는 홈팀 서독이 통산 두 번째 월드컵 우승을 차지했고, 베켄바워가 팀 우승에 결정적인 역할을 했지만, 그 해 발롱도르상은 월드컵 준우승팀인 네덜란드의 요한 크루이프가 차지했다.

1970년 멕시코 월드컵은 브라질이 통산 세 번째 우승을 차지해 줄리메컵을 영원히 차지했고, 펠레도 전성기를 누리고 있었지만, 발롱도르상은 멕시코 월드컵에서 10골로 득점왕을 차지했던 서독의 게르트 뮐러가 받았다.

1966년 잉글랜드 월드컵에서 잉글랜드는 첫 우승을 차지했고, 베켄바워가 신인상, 에우제비오가 9골로 득점왕을 차지했지만, 보비 찰튼은 준결승전에서 에우제비오가 버티는 포르투갈과의 준결승전에서 2골을 터트리는 등 잉글랜드 우승에 결정적인 역할을 했다.

보비 찰튼은 1966년 발롱도르상을 수상, 최고의 한 해를 보냈다.

13. 월드컵의 미남 선수들

2022 카타르 월드컵 우루과이와의 첫 경기에서 조규성 선수가 교체 투입하기 위해 카메라에 잡히자 온라인상에 "한국의 9번이 누구냐"라는 글이 쏟아졌고, 그의 수려한 용모와 마치 모델 같은 피지컬(1m 89m, 82kg)로 전 세계 팬들이 몰려 그의 인스타그램 팔로워 수가 수십 배로 치솟았다. 조규성은 선발로 나선 가나와의 2차전, 한국이 0대2로 뒤진 상황에서 이강인, 김진수의 크로스를 몸을 날리는 헤더로 2대2로 따라붙는 2골을 연속해서 터뜨렸다.

한국 축구는 2002 한·일 월드컵 때 4강에 올라 세계를 깜짝 놀라게 했었지만, 두 명의 미남 선수가 전 세계에 한국 축구를 어필하기도 했다.

안정환과 김남일 두 선수였다.

'진공청소기'로 불렸었던 김남일(당시 전남 드래곤즈)은 대회가 끝난 직후부터 수개월 동안 구단 직원들이 그를 찾는 전화에 업무가 마비될 정도였다. 그의 인천 집에는 오빠부대들이 진을 치고 있었고, AP, AFP 등 유명 해외 통신사들도 '김남일 신드롬'을 타전하기에 바빴다.

김남일은 축구는 잘 하는 것이 분명하지만 그렇다고 꽃미남 계열은 아니었다. 하지만 카리스마가 있었다. 또한 기존 질서에 도전하는 반항기 어린 '강렬한 눈빛' 등이 뭇 여성들에게 인기를 모은 요인이었다.

안정환은 누가 봐도 꽃미남이다. 게다가 축구도 잘했다. 안정환은 2002 한·일 월드컵 이탈리아와의 16강전 연장 전반 10분 50초경, 지금은 없어진 '골든골'(연장전에서 골을 넣는 순간 경기가 끝나는)을 넣고 왼쪽 네 번째 손가락에 낀 반지에 키스를 하는 '반지 세리머니'를 하는 모습은 한국 월드컵 축구 역사의 명장면 중의 하나다.

그러나 그의 아내 이혜원은 "나는 그 순간 너무 기뻐서 저 양반이 뭐 하는 지도 몰랐다"라고 했다. 그러나 나중에 반지에 키스를 한 것을 알고 쏟아지는 눈물을 주체할 수 없었다고. 그 반지는 결혼반지가 아니라 연예 때 주고받은 커플링이었다. 이혜원 씨는 그 후 그 반지를 목걸이로 만들어서 목에 걸고 다닌다.

안정환은 한국 축구사에 보기 드문 미남이지만 스타로 뜨기 전에 이미 기혼자였기 때문에 손해를 본 케이스라고 할 수 있다.

세계 축구계에서 축구 실력과 함께 미남으로 유명했던 선수는 영국의 데이비드 베컴이었다.

베컴은 1976년 리드웨이 로버츠 팀에서 프로에 데뷔했지

만 1993년부터 2003년까지 11년 동안 조각 같은 용모와 뛰어
난 축구 실력으로 세계 최고의 인기 축구 선수로 군림했었다.
1998~1999시즌에는 맨체스터 유나이티드 팀이 트레블을 달성
하는 데 주역 역할을 했었다.

1996년부터 2009년까지 잉글랜드 국가대표 미드필더로 115
경기에 출전 17골을 터트렸다.

베컴의 대를 잇는 미남 선수는 브라질의 히카르도 카카였다.
카카는 2010년대 AC 밀란, 레알 마드리드 등 명문 팀에서 공격
형 미드필더로 뛰었는데, 짙은 눈썹에 조각 같은 얼굴과 파워 넘
치는 플레이로 '하얀 펠레'로 불리며 많은 사랑을 받았었다.

2016년 69세의 나이로 암으로 요절한 네덜란드 요한 크루이
프는 펠레, 마라도나, 메시, 호날두에 버금가는 축구 전설인데,
현역 시절 잘생긴 얼굴로 많은 인기를 얻기도 했다.

아약스와 바르셀로나 팀에서 뛰면서 세 번이나 발롱도르상을
받았고, 1974년 서독 월드컵에서는 토탈사커의 지휘자로 네덜
란드를 준우승까지 이끌었다.

14. 2002 한·일 월드컵 로이 킨의 기행

2002 한·일 월드컵에서 월드컵 축구 대표로 뽑혀 대회가 열리는 일본(아일랜드는 일본에서 예선을 치렀다)까지 왔다가 감독과 싸우고 대회가 시작되기 전에 자기 나라로 돌아간 선수가 있었다.

아일랜드 월드컵 대표팀의 '로이 킨' 선수였다.

아일랜드의 월드컵 대표 로이 킨은 월드컵 본선에 출전하려고 일본까지 왔다가 아일랜드의 멕커시 감독과 말다툼을 한 후 보따리를 싸서 곧바로 귀국해 버렸다.

월드컵 본선에서 뛸 수 있는 기회를 소속팀 감독과 싸웠다는 이유로 헌신짝처럼 차버린 것이다.

당시 잉글랜드 프리미어리그 맨체스터 유나이티드 주장으로 아마추어 복서 출신인 로이 킨은 승리를 위해서라면 같은 팀 선수라도 때릴 수 있는 선수라는 소리를 들을 정도로 좋게 보면 승부욕이 강하고, 다른 각도에서 보면 '한 성질' 하는 선수였다.

로이 킨은 프리미어리그에서만 무려 10번 이상 퇴장을 당했었는데, 그 가운데 한 번은 리즈 유나이티드의 알프 잉게 홀란드에게 보복을 한 사건이다.

지난 1997년 알프 잉게 홀란드는 경기 도중 로이 킨의 머리를 잡아 뜯고, 발로 걷어차고, 무릎으로 찍어 큰 부상을 안겼다.

당시 로이 킨은 8개월간 재활해야 했을 정도로 치명적인 부상을 당했다.

그로부터 5년 후 홀란드는 맨체스터 시티로 이적했다.

로이 킨은 맨체스터 더비(맨체스터 유나이티드 대 맨체스터 시티전)에서 5년 만에 홀란드 선수를 만나자 볼을 차는 척하면서 격투기 선수가 상대 선수를 가격하듯이 공중으로 솟아올랐다가 무릎으로 찍어버렸다. 그리고는 주심이 레드카드를 꺼내기 전에 자신이 알아서 유유히 라커룸으로 사라졌다.

15. 축구가 영구 결번이 힘든 이유

국제축구연맹 즉 FIFA는 일반적으로 1번부터 99번까지 어떤 등번호를 달아도 상관없다고 규정을 해 왔다.

그러나 2002 한·일 월드컵부터 23명의 출전 선수 가운데 골키퍼는 반드시 1번을 달도록 규정, 23명이 출전 선수가 1번부터 23번까지 차례로 달아야 한다. 따라서 원천적으로 영구 결번을 할 수가 없게 된 것이다.

아르헨티나 축구협회는 2002년 한·일 월드컵 때 아르헨티나 월드컵 대표팀 23명의 엔트리에 10번을 제외한 1번부터 24번까지의 명단을 제출하였다. 마라도나가 달았던 10번을 영구 결번으로 하기 위해서였다.

그러나 FIFA는 이를 거절하였다.

FIFA 회장인 제프 블레터는 대신 거의 뛸 가능성이 없는 제3의 골키퍼인 로베르토 보나노에게 10번을 달게 할 것을 제안하였다.

결국 아르헨티나 축구 협회는 원래 23번을 달고 있었던 아리엘 오르테가가 10번을 다는 것으로 명단을 수정하였다. 이후 아르헨티나 선수들은 10번 유니폼을 달고 경기에 출전하고 있다.

브라질의 축구 전설 펠레가 달던 10번도 그가 속해 있던 브라질의 산토스 팀에서만 영구 결번일 뿐 브라질 국가대표 선수들은 공격수가 10번을 달고 있다.

그러나 프로 축구 클럽 팀의 경우는 다르다.

이제까지 부산 아이파크(과거 부산 대우 로열즈)에서 뛰던 김주성의 16번만이 유일하게 영구 결번의 영예를 누리고 있다. 김주성은 89년부터 91년까지 3년 연속 아시아 축구연맹이 선정한 올해의 축구 선수로 선정되었다. 부산 대우로열즈 팀에서 87년부터 99년까지 13년 동안 255경기(37골, 17어시스트)에 출전했다. 86년 멕시코 월드컵, 90년 이탈리아 월드컵, 94년 미국 월드컵에 한국 대표로 출전했다.

네덜란드 프로 축구 아약스는 요한 크루이프가 달았던 14번을 영구 결번으로 했고, 이탈리아 프로 축구 최고 명문 팀 AC 밀란은 전설적인 수비수 프랑코 바레시가 달던 6번, 나폴리는 마라도나가 달았던 10번을 영구 결번으로 했다.

맨체스터 유나이티드는 특이하게도 7번이 영구 결번이 아니라 '영구 영광의 번호'로 전해져 내려오고 있다.

조지 베스트, 에릭 칸토나, 로이 킨, 데이비드 베컴, 크리스티아누 호날두, 마이클 오웬 등이 7번을 달았다.

16. 월드컵에 형제 선수가

'피는 못 속인다'는 말은 스포츠에서는 너무나 당연한 말이다. 각 종목에 뛰어난 형제 선수들이 너무나 많기 때문이다.

특히 축구에 형제 선수가 많다.

2010 남아공 월드컵이 한창 무르익어가던 6월 24일, 독일 대 가나의 D조 예선 경기는 독일의 수비수 제롬 보아텡과 가나의 미드필더 케빈 프린스 보아텡의 맞대결로도 관심을 모았었다.

가나 출신의 독일 이민자인 아버지를 두고 있는 두 사람은 서로 다른 독일인 어머니를 두고 있는 이복형제다.

이들의 작은 아버지는 전직 가나 축구 대표 선수이고, 케빈 프린스의 외할아버지는 1954년 스위스 월드컵에서 서독에 첫 우승컵을 안겼던 전설의 스트라이커 헬무트 란이다.

그런데 두 형제 선수가 어떻게 각각 다른 나라 대표 선수로 뛰어야 했을까?

두 살 위인 케빈 프린스는 유럽국제축구연맹(UEFA) 21세 이하 독일 대표팀에 선발됐다가 감독과 선수들 간에 심한 갈등을 겪은 뒤 아버지 나라의 대표팀에 투신했다.

경기 결과는 동생 팀 독일이 형 팀 가나를 2대1로 제압했지만,

경기 결과에 상관없이 두 팀은 D조 1,2위로 나란히 16강에 올랐다.

2002 한·일 월드컵에 쌍둥이 형제로 함께 출전한 미하우 마르친 형제는 아쉽게도 16강에 오르지 못하고 보따리를 싸서 더 이상 화제가 되지 못했다.

스위스의 유명한 데겐 형제, 형 필립 데겐과 동생 다비드 데겐 형제는 도르트문트, 보루시아 등 주로 분데스리가와 스위스 국가대표로 활약을 했다.

17. 중동의 침대 축구 이탈리아 팔꿈치 축구
그리고 중국의 소림사 축구

2022 카타르 월드컵은 '침대 축구'를 몰아낸 점에서 혁혁한 공을 세웠다는 평가를 받는다.

앞서 이란, 이라크, 사우디아라비아, 아랍에미레이트, 카타르 등 중동 국가들의 침대 축구는 글로벌 축구계의 암적인 존재였다.

침대 축구란 상대 선수가 스치기만 해도 쓰러지고, 심지어 혼자서 넘어져서 일어나지 않는 경우도 있었다. 침대 축구는 시간을 끌뿐만 아니라 상대의 리듬을 깨트리는 일석이조의 효과를 갖기 때문에 중동 국가들로서는 포기할 수 없는 것이었다.

국제축구연맹 FIFA는 축구 룰을 극단적으로 악용하는 침대 축구를 그대로 방치했다가는 축구 흥행에 막대한 지장을 주겠다고 보고, 2022 카타르 월드컵에서 칼을 빼들었다.

이에 따라 카타르 월드컵에서는 선수가 쓰러져 있는 시간은 물론, 선수 교체 시간까지 계산을 해서 전, 후반 평균 12분 안팎의 추가 시간을 주었다. 사실상 침대 축구를 시도할 시간을 주지 않은 셈이다.

2023 U-20 피파 월드컵에서도 추가 시간을 많이 주는 추세는 계속됐다.

그런데 이탈리아가 손과 팔을 이용한 축구를 계속했다.

이탈리아와 4강전에서 만난 한국이 가장 큰 피해를 보았다. 한국과 이탈리아 경기의 전반전 파울 수는 25대11(전반전 15대5)로 이탈리아가 두 배 이상 많았다. 이중 10개가량이 손이나 팔꿈치로 한국 선수들을 가격한 것이었다.

한국 선수들은 이탈리아 선수들의 팔 또는 팔꿈치 가격에 그라운드에 수도 없이 쓰러져야 했다. 주심이 '경고'를 외친 파울은 한두 개에 그쳤다.

아탈리아의 손과 팔, 그리고 팔꿈치 축구는 세계 축구계에서는 이미 잘 알려진 사실이다.

1994 미국 월드컵 8강전에서 스페인의 루이스 엔리케 선수는 이탈리아의 마우로 타소티의 가격에 코뼈가 부러진 바 있다. 한국도 지난 2002 한·일 월드컵 16강전 당시 김태형 선수가 이탈리아의 복서 출신 비에리에게 팔꿈치로 얼굴을 가격 당해 코뼈가 부러지는 중상을 입어 스페인과의 8강전에는 타이거 마스크를 쓰고 경기에 출전해 세계적인 화제가 되기도 했다.

아시아에서는 중국의 거친 '소림사 축구'가 문제가 되고 있다. 중국과의 경기에서 많은 선수들이 부상을 당하고 있기 때문이다.

이제는 침대 축구와 더불어 '팔꿈치 축구'와 '소림사 축구'도 퇴출되어야 한다.

18. 월드컵 역사를 바꿔놓은 사건들

월드컵 축구 역사를 바꿔 놓은 중요한 사건들이 있었다.

하나는 오프사이드 룰 개정, 선수를 교체하게 한 것, 카드(옐로, 레드)를 도입한 것, 물론 월드컵 창설도 빼놓을 수가 없다. TV 중계 도입, 그리고 2022 카타르 월드컵부터 원리 원칙대로 추가 시간을 적용해서 '침대 축구'를 원천봉쇄한 것이다.

또한 2022 카타르 월드컵 때부터 본격적으로 도입된 'VAR 판독'이다.

VAR 판독은 경기장 내 설치된 4개의 대형 전광판을 통해 'SAOT(Semi-Automated Offside Technology, 반자동 오프사이드 판독 기술)'로 판정하는 것이다. SAOT는 12대의 카메라를 통해 선수들의 움직임을 실시간으로 추적해 오프사이드를 판독하는 기술이다. 초당 50회로 선수들의 움직임을 관측해, 정확한 위치를 파악해서 오프사이드를 판독하는 데 도움을 준다. 최종 판정은 심판이 하지만, 기술의 도움 덕에 보다 정확한 판단을 내릴 수 있게 됐다.

카타르 월드컵 조별 예선에서 아르헨티나가 사우디아라비아와의 경기에서 VAR 판독으로 3골이 취소돼 1대2로 역전패 당하는 빌미를 제공했다.

1925년 오프사이드 룰이 개정되면서 '일자 수비'가 등장했다.

초창기에는 상대 팀의 최전방 공격수와 상대 팀의 골라인 사이에 두 명의 수비수(골키퍼 포함)가 있을 경우 오프사이드 반칙이 적용되었다. 그런데 한 명의 수비수(골키퍼 포함)로 바뀐 것이다.

오프사이드 룰의 등장으로 '일자 수비' 등 수비의 조직화가 이뤄졌고, 상대팀은 조직화된 수비를 뚫기 위해 끊임없이 전술개발을 해야 했다.

월드컵 축구대회를 기준으로 1930년 1회 우루과이 월드컵부터 1966년 잉글랜드 월드컵 때까지 교체 선수가 없었다.

선발 선수 11명이 경기가 끝날 때까지 90분 또는 연장전까지 120분 동안을 뛰어야 했고, 부상 선수가 1명 나오면 10명, 2명이 나오면 9명으로 싸워야 했다.

FIFA는 결국 1970년 멕시코 월드컵부터 선수 교체를 인정하기로 했는데, 처음에는 2명까지 교체할 수가 있었다.

또한 1970년 멕시코 월드컵부터 옐로카드, 레드카드가 등장했다. 1966년 잉글랜드 월드컵까지는 심판이 구두로 경고와 퇴장을 선언했지만, 멕시코 월드컵부터 영국 심판 케네스 애스턴의 아이디어로, 신호등을 모티브로 삼아 주심이 옐로카드, 레드카드를 소지하게 된 것이다.

1970년 멕시코 월드컵부터 월드컵 경기가 TV로 중계되기 시작해, 지구촌에서 축구(월드컵)에 대한 관심이 폭발적으로 증가하기 시작했다.

FIFA는 2014 브라질 월드컵 때부터 '골라인 판독기'를 도입했다.

그리고 이제는 '호크아이'라는 카메라로 공의 위치를 추적해 공이 골라인을 넘었는지를 가리는 전자 판독 시스템이 도입되어 있다.

축구는 중동 국가들의 침대 축구로 인해 도전을 받고 있었다.

사우디아라비아 등 중동 국가 선수들은 스코어가 앞서있을 경우, 상대 선수가 살짝 건드리기만 해도 필드에 누워서 일어나지 않고는 했다. 심지어 혼자 공을 차다가도 갑자기 다리를 부여잡고 고통스러운 표정을 지으며 드러누워 시간을 보내고 지연시켰다. 상대팀으로서는 애간장이 탈 수밖에 없다. 시간이 아까울 뿐만 아니라 경기의 리듬이 끊겨서 제대로 플레이를 이어 갈 수가 없었다.

그런데 2022 카타르 월드컵에서 이러한 침대 축구 방지책이 나왔다. 추가 시간을 곧이곧대로 적용, 평균 12분의 추가 시간을 줘서 아예 침대 축구를 시도하지 못하도록 한 것이다.

축구는 이제 전, 후반 추가 시간을 합하면 90분이 아니라 사실상 100분 경기가 되었다.

　이제부터는 체력이 더욱 중요해졌다. 두 팀 선수들의 체력이 거의 소진되는 후반 추가 시간에 많은 골이 터지고 있다.

19. 월드컵 축구 역사의 포메이션 변화

19세기 말 축구는 골키퍼를 제외하고 극단적으로 9명의 공격수를 두는 1:9, 또는 1:2:7 시스템이 주를 이루다가 19세기 후반에 2:3:5 포메이션으로 정착했다. 2:3:5 시스템은 20세기 초까지 유행을 하다가, 20세기 초중반부터 잉글랜드에서 나온 3:2:2:3 즉 WM이 주류를 이뤘다. 10명의 필드 플레이어들을 공격진은 W, 수비 진영은 M자로 세우는 것이다.

1940~1950년대 헝가리와 1950~1960년대 브라질에 의해 공격수 4명 미드필더 2명 수비수 4명을 두는 4:2:4 포메이션이 시작되었다. 미드필더 2명은 팀이 공격할 때는 공격에 가담해 기존의 4명과 함께 6명이 공격을 하게 되고, 수비를 할 때는 4명의 수비수들을 도와서 6명이 수비를 하게 하는 것이다.

헝가리는 1953년 친선경기에서 4:2:4 포메이션으로 WM 포메이션의 잉글랜드를 6대3으로 대파했다. 그 후 헝가리는 세계 최강으로 군림하다가 1954 스위스 월드컵에서 치보르, 코시스, 푸스카스, 토트로 이워진 '막강 4' 공격진으로 27골을 터트리면서 준우승을 차지했다. 서독은 결승전에서 WM 포메이션으로 헝가리를 3대2로 제압했는데, 비가 오는 가운데 치러진 결승전에서 서독 선수들의 비에 '알맞은 스터드'를 박은 '신형 축구화'가 승패를 가른 것으로 평가하고 있다.

브라질은 1958년 스웨덴 월드컵에서 4:2:4 전형으로 첫 우승을 차지했는데 4명의 공격진이 자갈루, 바바, 펠레, 가린샤 등 역대급 공격수들로 꾸려졌었다. 1962년 칠레 월드컵에서는 4:2:4의 변형, 4:3:3 전형으로 월드컵 타이틀 방어에 성공했다.

그 후 잉글랜드 등 많은 유럽 국가들이 4:4:2를 활용하다가, 4:3:3, 3:5:2(5:3:2), 4:5:1 시스템으로 변화시켜 발전해 오고 있다. 4:2:3:1, 4:2:1:3도 결국 4:2:4가 원조라고 할 수 있다.

이탈리아는 자물쇠라는 뜻의 가테나치오, 즉 1:4:3:2 포메이션으로 수비수 뒤에 리베로 또는 스위퍼를 두어 수비를 강화하는 포메이션을 꺼내 들었다. 리베로 앞의 4명의 수비수들은 대인 방어를 하게 되는데, 1970년 멕시코 월드컵 브라질과의 결승전에서는 펠레, 자일징요, 토스타오라는 불세출의 공격수들에 의해 대인 방어뿐만 아니라 리베로까지 뚫리면서 4골이나 허용(1대4 패), 준우승에 머물렀다.

1970년대 네덜란드 리누스 미헬스 감독이 창안한 '토탈사커'는 경기장 전체를 아우르는 '압박 축구'를 기본으로 한다. 토탈사커는 축구장 안의 지휘자가 있어야 하는데 요한 크루이프가 그 역할을 충실히 해낸 네덜란드는 1974 서독 월드컵 준우승을 차지했다.

'티키타카'는 2010년 전후로 스페인 국가대표 또는 스페인 프리메라리가 FC 바르셀로나가 쓰던 독특한 전형이었다. 공간, 점유율, 압박으로 표현되는데, 미드필드에서 짧은 패스와 중간 패스를 주고받다가 상대의 허점이 생기면 파고든다. 공을 빼앗기면 그 자리에서 압박한다. 정확하고 빠른 패스, 유기적인 협력 플레이가 요구된다.

스페인은 티키타카로 2010년 남아공 월드컵에서 첫 우승을 차지했고, 2008년에 이어 2012년까지 유럽컵 2연패에 성공했다. 3개 메이저 대회를 연속해서 우승을 차지한 것이다. 그러나 2014 브라질 월드컵에서 세대교체에 실패한 스페인이 네덜란드에 1대5로 대패하면서 티키타카도 소멸되었다.

독일어 게겐과 영어 프레싱의 합성어 게겐프레싱(Gegenpressing)은 '역 압박' 즉 압박을 벗어나는 '탈 압박'이라는 뜻이다. 영국에서는 카운터 프레싱(Counter-Pressing)이라고도 불린다.

유럽의 빅 리그 강팀 선수들의 주전들은 기본적으로 탈 압박 능력을 보유하고 있어서 웬만한 압박으로는 공을 뺏어내는 것이 거의 불가능하다. 그래서 등장한 방식이 '집단 게겐프레싱'이다.

공을 뺏기는 즉시 뒤로 물러나 수비로 전환하는 일반적인 경우와 달리, 상대 팀에게 공을 뺏기자마자 그 자리에서 바로 재

압박을 가하여 도로 공을 되찾고 빠른 역습을 실행한다.

게겐프레싱을 적용한 팀은 공격하다가 상대에게 공을 뺏겨도 수비로 돌아가지 않고 오히려 전방부터 강력한 재압박을 가하여 공을 도로 되찾고 곧바로 공격 작업을 시도하기 때문에 상대 팀 선수들은 수비 라인을 갖추기도 전에 역습을 허용하게 된다.

축구 경기를 볼 때 한 선수의 활동량은 보통 8~9km, 많으면 11~12km 정도 된다. 그러나 게겐프레싱을 적용한 팀의 선수들은 한 경기당 최소한 12km~15km를 뛰어야 한다.

게겐프레싱의 약점은 중앙 공격에 치중하기 때문에 양쪽 사이드가 약해진다는 점이다. 또한 골키퍼와 수비와의 공간이 넓어져서 뒷공간을 쉽게 허용한다.

20. 월드컵, 진귀한 기록들

서독의 우베 젤러는 손흥민 선수가 뛰었었던 분데스리가 함부르크 SV의 전설이다.

우베 젤러는 1946년부터 1953년까지는 함부르크 유소년 팀, 1953년부터 1972년까지 20시즌 동안 함부르크 A팀에서 404골(476경기)을 넣었었다.

우베 젤러(1m 70cm)는 1958년 스웨덴 월드컵, 1962년 칠레 월드컵, 1966년 잉글랜드 월드컵 1970년 멕시코 월드컵 등 4번의 월드컵에서 서독 대표로 활약했다. 월드컵 우승컵을 들어 올리지 못했지만 1966년 잉글랜드 월드컵에서는 주장으로 팀을 준우승으로 이끌었다.

우베 젤러는 4차례의 월드컵을 치르는 동안 무려 1,980분 동안 출전했다. 한 경기를 90분으로 환산하면 22경기를 풀로 뛴 셈이다. 우베 젤러는 2022년 7월 22일 85세를 일기로 사망했다.

월드컵 한 경기 최다 관중은 1950년 7월 16일 브라질 리우데자네이루의 마라카냥 경기장에서 벌어진 월드컵 홈팀 브라질 대 우루과이의 실질적인 결승전으로 19만 9,584명이 입장했다.

당시는 월드컵 본선에 출전한 13팀을 4개조로 나눠서 각 조 1위 4팀이 결승리그를 벌여 우승팀을 가렸었다.

브라질은 결승 1차전에서 스웨덴을 7대1, 스페인을 6대1로 대파했고, 우루과이는 스웨덴을 펠레스코어(3대2)로 이겼지만 스페인과는 2대2로 비겨서, 브라질 대 우루과이의 마지막 경기(실질적인 결승전)에서 브라질은 비기기만 해도 우승을 차지할 수 있었다.

브라질 대 우루과이의 실질적인 결승전에서서 전반전은 0대0으로 끝났지만, 후반 3분경 브라질의 프리아사가 선제골을 넣어 1대0으로 앞서나갔다. 그러나 우루과이는 후반 22분 경 스치아피노의 동점골, 후반 34분 기지아의 결승골로 역전 우승을 차지했다.

브라질 축구역사에는 2014년 브라질 월드컵 준결승전에서 독일에 1대7로 참패를 당한 것과 함께 이 패배가 가장 뼈아픈 역사로 기록되어 있다.

이탈리아의 발데르 쳉가 골키퍼(1m 88cm)는 1990년 이탈리아 월드컵에서 517분 동안 무실점을 기록했다. 골키퍼로서 단일 대회 '최장시간 무실점' 기록이었다.

쳉가는 A조 예선에서 오스트리아(1대0), 미국(1대0), 체코슬로바키아(2대0)전에서 무실점을 기록했고, 우루과이와 16강전(1대0), 아일랜드와 8강전(6대0)까지 5경기 연속 무실점 행진을 했다.

그러나 디에고 마라도나가 이끌던 아르헨티나와의 준결승전에서 후반 22분 클라우디오 카니자에게 동점골을 얻어맞아 무실점 행진이 끝났다.

챙가는 승부차기에는 약했는지, 아르헨티나와의 경기에서 승부차기 패(3대4)를 당했고, 잉글랜드와 3·4위전에서도 한 골을 허용(2대1 승)해 이탈리아는 그 대회에서 3위를 차지했다.

2006년 독일 월드컵에서 발데르 챙가의 기록에 후배 골키퍼인 잔루이지 부폰이 도전했지만, 프랑스와의 결승전에서 전반 7분에 지네딘 지단에게 PK 골을 허용, 챙가의 기록에 단 13분이 모자란 504분 연속 무실점 기록에 그치고 말았다. 그러나 부폰은 독일 월드컵에서 7경기에서 2골 만을 허용, 야신상을 수상했다.

1986년 멕시코 월드컵, 네자스티움에서 벌어진 우루과이 대 스코틀랜드의 E조 마지막 경기에서 우루과이의 수비수 바티스타는 경기 시작 휘슬이 울리자마자 스코틀랜드 진영으로 돌진하더니 볼을 가진 스코틀랜드 선수를 덮쳤고, 두 선수 모두 그라운드에 나뒹굴었다.

주심은 곧바로 바티스타에게 레드카드를 꺼내 들었다. 월드컵 본선 최단 시간(55초) 만에 퇴장이었다.

우루과이는 바티스타의 퇴장으로 10명이 싸웠지만, 경기 결과는 0대0으로 비겼다. 그러나 1승이 필요했던 우루과이는 2무 1패로 탈락하고 말았다.

카타르는 월드컵 역사상 '개최국 팀의 가장 빠른 탈락'이라는 불명예를 안았다.

제6장

월드컵 각국 축구 대표팀의 특이한 별명

제6장

월드컵 각국 축구 대표 팀의 특이한 별명

1. 붉은 악마 대한민국(벨기에)

붉은 악마라는 별명은 벨기에 축구 국가대표팀의 별명이기도
하며 벨기에 대표팀이 가장 먼저 사용했다.

벨기에 축구 국가대표팀이 1906년 붉은색 상, 하의를 입고 네
덜란드 국가대표팀을 3대2로 꺾으면서 얻은 별명이다. 벨기에
여자 축구 대표팀은 '붉은 불꽃'(Red Flames)이라고 불린다.

2002년 한·일 월드컵 때 한국 응원단들이 붉은색 유니폼을 입
고 열렬히 응원을 해서 '붉은 악마' 또는 '12번째 선수'라고 불
리기도 했다.

대한민국의 월드컵 본선 최고 성적은 2002 한·일 월드컵 4강
이고, 2010 남아공 월드컵과 2022 카타르 월드컵에서 각각 16
강에 올랐었다.

2. 전차 군단, 독일

독일 축구 국가대표팀을 가리키는 별칭이다. 유래는 2차 세계대전 당시 독일 병력의 핵심이 된 전차 군단. 별도의 기갑부대를 편성해 전차를 선두에 세우고 전쟁을 벌인 독일에게 전차는 군사력의 상징이었다.

이 표현은 한 외신기자가 독일 축구의 조직력을 2차 대전 당시의 독일 전차에 빗댄 데서 시작됐다.

잉글랜드의 전설적인 스트라이커 게리 리네커는 1990년 이탈리아 월드컵 4강전에서 승부차기 끝에 서독에 패한 뒤 "축구는 22명의 선수들이 90분 동안 공을 쫓다가 결국 독일이 이기는 스포츠"라는 명언을 남기기도 했다.

독일은 월드컵에서 4차례 정상에 올랐고, 가장 많은 8번 결승전에 진출한 기록을 갖고 있다.

3. 삼바 축구, 브라질

삼바 축구는 브라질 축구를 말한다. 셀레상(Seleção), 카나리아 군단, 영원한 우승 후보라고도 불린다.

영원한 축구 황제 '고 펠레 보유국'이기도 하다.

2002 한·일 월드컵에서 5번째 우승을 차지한 후 우승을 하지 못하고 있지만, 이탈리아(4회 우승), 독일(4회 우승), 아르헨티나(3회 우승) 등 축구 강국들을 제치고 월드컵 최다 우승 국가다. 1970년 멕시코 월드컵에서 사상 3번째 우승을 차지해 초대 월드컵인 '줄리메컵'의 영원한 소유국이기도 하다.

유일하게 월드컵 본선에 한 번도 빠지지 않고 오른 국가다. 1회 우루과이 월드컵부터 2022년 카타르 월드컵까지 개근을 했다.

4. 아주리 군단, 이탈리아

이탈리아 축구 대표팀을 말한다. 월드컵 4회 우승, UEFA 유러피언 챔피언십 2회 우승, 1936년 베를린 올림픽 남자 축구 금메달을 차지했다. 유럽의 5대 빅리그 가운데 하나인 세리에 A리그를 운영하고 있다. 2018 러시아 월드컵과 2022 카타르 월드컵 유럽 예선을 통과하지 못해 본선 진출이 좌절되었다. 2010 남아공 월드컵과 2014 브라질 월드컵에서도 32강 조별리그에서 탈락해 최근 4차례 치러진 월드컵에서 부진하거나 아예 출전하지 못했다.

2006 독일 월드컵 결승전에서 프랑스와 1대1 무승부를 기록한 후 승부차기(5대3)에서 이겨 4번째 월드컵 우승을 차지했다.

이탈리아는 1934년, 1938년 월드컵 2연패를 했었는데, 월드컵 2연패에 성공한 나라는 브라질(1958년, 1962년)과 이탈리아 두 나라뿐이다.

이탈리아는 수비 축구의 대명사인 가테나치오(빗장수비)로도 유명한데, 1960년대 초반 인테르 나치오날레의 엘리네오 에레라 감독과 AC 밀란의 네레오 로코 감독으로부터 정립되기 시작했다. 가테나치오의 기본은 3명의 수비수 뒤에 리베로 한 명을 더 두는 전형이다.

스타플레이어로는 1970~80년대 디노 조프, 1990년대 프랑코 바레시, 2000년 초반 파울로 말디니, 파비오 칸나바로, 2010년대 잔루이지 부폰 등이 있다.

5. 무적함대, 스페인

스페인 축구 국가대표팀을 무적함대라 부른다. 16세기 지중해와 대서양을 누비던 스페인 해군의 영광스러운 애칭이다.

그러나 무적함대라는 별명이 무색하게 월드컵에서의 성적이 좋지 않았다. 2010년 남아공 월드컵에서 우승을 할 때까지 1950년 브라질 월드컵에서의 4위가 가장 좋은 성적이었다. 2002 한·일 월드컵에서도 개최국 한국과의 8강전에서 연장전까지 120분 동안 0대0 무승부 끝에 승부차기로 패했었다.

그러나 자국에서 열린 1964년 유러피언 네이션스컵과 1992년 바르셀로나 올림픽 축구에서는 우승을 차지했었다.

무적함대의 전성기는 2010년 전후 5~6년 동안이었다. 세계 축구계 최고 무대인 프리메라리가와 FC 바르셀로나, 레알 마드리드라는 최고 명문 구단을 보유했는데도 불구하고 번번이 메이저 대회에서 침몰하다가, '티키타카'로 유로 2008, 2010 남아공 월드컵, 유로 2012 등 3개 메이저 대회를 내리 석권했다.

스페인은 2022 카타르 월드컵 예선에서 일본에 1대2로 역전패를 당하고 일본에 이어 E조 2위(1승 1무 1패)로 16강에 올랐지만, 돌풍을 일으킨 모로코와의 16강전에서 120분 동안 0대0 무승부를 이룬 끝에 승부차기(0대3)로 패했다.

그러나 2023 유럽 축구연맹(UEFA) 네이션스리그 크로아티아와의 결승전에서 120분 동안 0대0 무승부를 이룬 후, 승부차기에서 5대4로 승리하며 2012년 이후 11년 만에 유럽 대회에서 정상에 올랐다.

6. 사자들(Lovene), 노르웨이

노르웨이 축구 대표팀의 별명은 사자들이다. 최근에는 사자라는 별명에 걸맞게 온몸으로 골을 터트리는 엘링 홀란이라는 역대급 스타플레이어가 나왔다.

노르웨이 축구 대표팀 전력은 유럽에서도 변방이지만, 브라질과의 맞대결에서는 세계에서 거의 유일하게 우위를 보이고 있다.

노르웨이와 브라질과의 첫 대결은 1997년 5월 30일 오슬로에서 벌어진 친선경기에서 무려 4골을 쏟아부으며 4대2로 이겼다.

1998년 6월 23일 프랑스 마르세유에서 벌어진 프랑스 월드컵 A조 예선경기에서 노르웨이가 브라질에게 2대1로 역전승을 거뒀었다.

1998년 7월 28일 오슬로, 2006년 8월 16일 오슬로에서 벌어진 경기에서는 모두 1대1 무승부를 기록, 결과적으로 노르웨이가 브라질에 2승 2무로 절대 우위를 보이고 있다.

7. 슈퍼 이글스, 나이지리아

나이지리아 축구 대표팀을 '슈퍼 이글스(Super Eagles)'라고 부른다.

그런데 '슈퍼 이글스' 남자 성인 대표팀, 청소년 대표팀은 하늘을 나는 독수리라는 뜻의 '플라잉 이글스'라고 부르고, 여자 대표팀은 독수리 대신 매를 뜻하는 '슈퍼 펠콘스(Super Falcons)'라고 부른다.

나이지리아의 슈퍼 이글스라는 이름은 1996년 애틀랜타 올림픽 결승전에서 브라질을 4대3으로 꺾고 금메달을 따내 세계적으로 더욱 알려졌다.

나이지리아는 월드컵 본선에 5차례 진출했었다.

1994 미국 월드컵, 1998 프랑스 월드컵 그리고 2014년 브라질 월드컵에서 16강에 오른 것이 가장 좋은 성적이었다.

8. 소림 축구, 중국

중국인들은 중국 국가대표 축구를 '소림 축구'라고 부르는 것을 매우 싫어한다. 소림 축구는 거친 축구를 상징하기 때문이다.

그러나 '소림 축구'라는 표현에는 근거가 있다. 중국은 지난 1998년 프랑스 월드컵을 앞두고 가진 한국 대표팀과의 평가전에서 한국 부동의 공격수 황선홍에게 위험한 태클을 걸었다. 황선홍은 공중에서 한 바퀴 돌아서 넘어졌고 심각한 무릎 부상을 당했다. 결국 황선홍은 프랑스 월드컵 본선에 출전하지 못했다.

한국 대표팀에서 가장 빠른 선수 가운데 한 명인 엄원상도 2023년 6월 15일 중국 저장성에서 벌어진 중국과의 U-24 평가전에서 틴에이와 충돌해서 발목을 크게 다쳤다. 엄원상은 그 경기에서 2골을 넣고도 부상으로 교체됐었다.

중국은 월드컵 본선에 딱 한 번 올랐다. 2002 한·일 월드컵 때 아시아 축구의 맹주 한국과 일본이 개최국 자격으로 월드컵 본선에 올라 아시아의 티켓이 추가돼서 중국이 본선에 나갈 수 있었다. 그러나 중국은 2002 한·일 월드컵 본선 C조에서 브라질(0대4), 터키(0대3), 코스타리카(0대2) 등에 한 골도 넣지 못하고 3전 전패를 당했다.

중국의 월드컵 본선 성적은 3전 3패 승점 0, 9실점 노(0)골이다.

9. 오렌지 군단, 네덜란드

16세기에 네덜란드는 벨기에, 룩셈부르크, 프랑스 북부까지 포함함 큰 나라였지만 에스파냐 펠리페 2세의 강력한 가톨릭 정책에 네덜란드 북부 칼뱅신교자들이 엄청난 탄압을 받았다. 그 학살에서 벗어나기 위한 독립이 절실했다.

네덜란드 독립운동의 선봉에 '빌럼 1세'가 나섰다. 그의 가문 이름이 'Oranji-Nassau'였다. Oranji는 영어로 Orangeek. 네덜란드가 소국이지만 강국이 된 것이 바로 빌럼 1세 가문이 있었기 때문으로 여긴 국민들이 오렌지를 국민적으로 좋아하게 된 것이다. 네덜란드는 월드컵 본선에서 3차례 결승전에 올랐지만 모두 준우승에 그쳤다.

10. 사무라이 블루(Smaurai Blue), 일본

일본 축구 대표팀이 '사무라이 블루'로 불리기 시작한 것은 2010 남아공 월드컵부터였다.

일본 축구 대표팀은 그전까지는 '트루시에 재팬', '지코 재팬' 등 감독의 이름을 앞에 붙이는 것이 일반적이었다. 그런데 대표팀 앞에 감독 이름을 붙이면 감독이 교체될 때마다 매번 바꿔야 할 뿐만 아니라, 감독이 좋은 성적을 올리지 못할 때는 일본 축구 대표팀의 전체 이미지가 나빠지는 불상사가 생기곤 했다.

일본 축구 대표팀은 2010년 5월 22일 남아공 월드컵에 출전하기 위해 도쿄 요요기 국립경기장에서 출정식을 가질 때 일본 축구 대표팀의 명명식도 가졌는데, 그때부터 일본 축구 대표팀을 '사무라이 블루'로 부르기 시작했다.

2010 남아공 월드컵을 이끈 일본 대표팀 감독은 오카다 다케시 감독이었는데, 처음으로 자신의 이름을 일본 축구 대표팀에 붙이지 못했다.

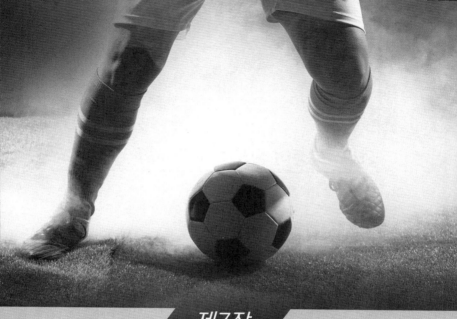

제7장

2026 북중미
월드컵 축구대회

제7장

2026 북중미 월드컵 축구대회

1. 북중미 월드컵 대회 운영

2026 북중미 월드컵은 2026년 6월 11일 개막돼서 7월 19일까지 39일 동안 벌어진다.

북중미 월드컵은 사상 처음 3개국이 공동 개최한다. 2002 한·일 월드컵 때 2개국이 공동 개최한 적은 있지만 3개국 개최는 처음이다.

미국의 뉴욕, 보스턴, 샌프란시스코, 시애틀, LA, 댈러스, 휴스턴, 캔자스시티, 필라델피아, 애틀랜타, 마이애미 등 11개 도시, 멕시코는 몬테레이, 과달라하라, 멕시코시티 등 3개 도시, 캐나다는 밴쿠버와 토론토 2개 도시 등 모두 16개 도시에서 경기가 진행된다.

2026 북중미 월드컵은 월드컵 사상 처음으로 48개국이 본선에 오른다.

월드컵은 1930년 1회 우루과이 대회에 개최국 우루과이, 프랑스, 미국, 브라질 등 모두 13개국이 예선 없이 막바로 본선에 올랐었다.

1934년 2회 이탈리아 월드컵부터 지역 예선을 거쳐 16개국이 본선에 진출했다. 월드컵 본선 16개국은 1978년 아르헨티나 월드컵까지 계속되다가 1982년 스페인 월드컵부터 본선 진출국이 24개국으로 늘어났고, 1998 프랑스 월드컵 때 다시 본선 진출국이 32개국으로 늘어났었다.

북중미 월드컵은 본선에 오른 48개국을 4개 조씩 12개 조로 나눠 조별 예선을 치르게 된다.

12개 각조 1,2위 24개 팀이 32강 토너먼트에 직행하고, 나머지 8개 자리를 놓고 12개조 3위 팀들이 경쟁을 벌인다.

북중미 월드컵은 예선부터 결승전까지 모두 104경기를 치르게 되고, 우승을 하려면 종전 7경기에서 조별 예선 3경기, 토너먼트 5경기 등 모두 8경기를 치러야 한다.

북중미 월드컵 조 추첨은 2025년 11월에 실시할 예정이다.

대륙별 본선 티켓은 유럽이 16개국으로 가장 많고, 아프리카가

9장, 아시아가 8장(1팀 대륙 간 플레이오프 진출)이다. 북중미 카리브 해(2팀 대륙 간 플레이오프 진출)와 남미가 각각 6장씩이고, 오세아니아 1장(1팀 대륙 간 플레이오프 진출)나머지 2장은 플레이오프를 거쳐 결정된다.

개최국인 미국, 캐나다, 멕시코는 개최국 자격으로 본선에 자동 출전한다. 따라서 북중미 카리브 해에 배정된 6장 가운데 나머지 3장을 놓고 본선 진출을 다투게 된다.

2. 브라질, 독일, 이탈리아 등에 이어 9번째 우승팀 나올까

국제축구연맹 FIFA 회원국 211개국 가운데 월드컵 정상에 오른 국가는 모두 8개국뿐이다.

그렇다면 2026 북중미 월드컵에서 9번째 우승국이 나올 수 있을까?

객관적으로 볼 때 기존의 8개 우승팀 가운데 정상에 오를 팀이 나올 가능성이 높다.

지난 두 대회 연속 결승전에 오른 킬리안 음바페 보유국 프랑스와 네이마르, 비니시우스, 주니오르 등이 버티고 있는 브라질. 2022 카타르 월드컵 우승의 주역 리오넬 메시를 비롯해서 로메로, 알베레즈, 몰리나, 맥 알리스터, 제2의 리오넬 메시 지안루카 프레스티아니 등이 전성기를 구가할 아르헨티나 등이 강력한 우승 후보라고 할 수 있다.

사실상 북중미 월드컵에서 9번째 우승국이 나올 가능성은 매우 낮다고 볼 수 있다.

세계 축구가 평준화 되었다고는 하지만 축구라는 종목 자체가 좋은 성적을 올리려면 오랜 역사와 전통을 필요로 하는 종목이다.

북중미 월드컵에서 우승을 하려면 종전에는 7경기를 치러야 하지만 한 경기가 더 늘어난 8경기를 치르는 것도 축구 역사가 일천한 국가들에게는 불리한 요소일 수밖에 없다.

그렇다면 만약 9번째 우승국이 나온다면 어느 나라가 될까?

벨기에를 먼저 꼽을 수 있다.

벨기에는 2022 카타르 월드컵에서 우승 후보까지 떠올랐으나 F조 예선에서 아프리카의 모로코 돌풍(0대2 패)에 휘말려 탈락했었다.

북중미 월드컵에서는 1m 92cm 장신 미드필더 샤를 더 케텔라러와 올리비에 드망, 오렐 망갈라, 경기를 잘 조율하는 캐빈 더 브라위너, 공격수 로멜루 루카쿠, 제레미 도쿠, 수비수 바우트 파스와 티모티 카스타뉴, 골키퍼 토마스 카민스키 등 유럽의 정상권 선수들이 주축을 이뤄 우승까지 노리고 있다.

현재 세계 최고의 '득점기계' 엘링 홀란을 보유한 노르웨이도 빼놓을 수 없다.

노르웨이는 '사자들'이라는 별명을 갖고 있지만, 백수의 왕 사자답지 않게 축구 실력은 유럽의 변방국에 지나지 않았던 것이 사실이다.

노르웨이 팀의 가장 큰 특징은 세계 최강 브라질에게 1998 프랑스 월드컵에서 2대1로 이겼듯이, 브라질과의 역대 성적 2승 2무로 상대적으로 우위에 있다는 점이다.

노르웨이는 스톨레 솔바켄 감독이 이끌고 있고, FIFA 랭킹은 40위권을 맴돌고 있다.

노르웨이는 괴물 엘링 홀란 외에도 아스널 팀에서 활약하고 있는 마르틴 웨데고르도 유럽의 정상권 선수이고, 수비 쪽에서는 역시 브렌트포드 팀에서 뛰고 있는 크리스토페르 아예르와 새내기 안토니오 누사, 안드레아스 쉬엘데루프 선수가 돋보인다.

벨기에와 노르웨이에 이어 덴마크도 다크호스다.

덴마크는 미드필더 피에르에밀 호이비에르, 풀백 요아킴 멜레, 포드의 유스프 폴센 그리고 2021년 심정지로 쓰러졌던 미드필더 크리스티안 에릭센 등이 절정의 기량을 발휘할 경우 돌풍을 일으킬 가능성이 있다.

그밖에 세계 최고의 중앙 수비수 버질 반 다이크와 유망주 사비 시몬스를 보유한 네덜란드와 베테랑 하메스 로드리게스와 떠오르는 별 루이스 시니스테라가 속해 있는 남미의 콜롬비아도 배놓을 수 없을 것 같다.

3. 2026 북중미 월드컵 때 깨질 가능성이 높은 기록들

역대 월드컵 최다골은 독일의 미로슬라프 클로제 선수가 갖고 있는 16골이다.

그러나 클로제의 기록은 프랑스의 킬리안 음바페에 의해 깨질 가능성이 매우 높다.

음바페는 월드컵에서 12골을 넣고 있는데, 2018 러시아 월드컵에서 4골을 넣으며 '영 플레이어상'을 받았고, 2022 카타르 월드컵에서 8골을 터트리며 득점왕(골든부트)을 차지했다.

음바페는 북중미 월드컵에 출전한다면 최소 3경기, 많게는 8경기를 치르게 되기 때문에 한 경기당 1골 이상을 넣는 음바페가 클로제의 기록을 넘어설 가능성은 충분하다.

그러나 아무리 음바페라고 하더라도, 1958년 스웨덴 월드컵에서 기록한 프랑스의 쥐스트 퐁텐의 한 대회 최다골(13골) 기록은 경신할 가능성이 높지 않다.

쥐스트 퐁텐은 조별리그 파라과이전 3골, 유고슬라비아전 2골, 스코틀랜드전 1골 등 조별리그에서만 6골을 넣었다.

이어서 8강전인 북아일랜드전에서 2골, 브라질과 준결승전에서 1골, 그리고 서독과 3·4위전에서 4골을 터트렸다. 13골 가운데 페널티킥 득점은 한 골도 없었다.

월드컵 본선은 조별 예선과 토너먼트로 나누어지는데, 북중미 월드컵 토너먼트는 역대 월드컵 가운데 가장 많은 5경기나 된다. 32강부터 16강전, 8강전, 4강전 그리고 결승전까지 5경기다.

역대 토너먼트 최다골은 브라질의 호나우두와 프랑스의 음바페가 공동으로 갖고 있는 8골인데, 북중미 월드컵에서 음바페 등에 의해 깨질 가능성이 있다.

음바페는 결승전에서만 4골을 넣어 '결승전 최다골'을 기록하고 있다. 2018 러시아 월드컵 프랑스와 크로아티아와의 결승전에서 1골(프랑스 4대2 승), 2022 카타르 월드컵 아르헨티나와의 결승전 해트트릭(3대3 승부차기 패) 등이다. 만약 북중미 월드컵에서 프랑스가 결승전에 오르면 음바페가 자신의 기록을 경신할 가능성이 있다.

북중미 월드컵에서는 본선 출전 팀 수가 역사상 가장 많은 48개 팀이나 되고, 경기 수도 많기 때문에 한 대회 최다 득점 기록도 경신될 가능성이 높다.

역대 최다 득점은 1994년 미국 월드컵과 2014년 브라질 월드컵으로 64경기에서 171골(경기당 2.67골)이 나왔다.

역대 가장 많은 페널티킥(29골)이 나온 대회가 2018 러시아 월드컵인데 북중미 월드컵은 경기 수가 많아서 페널티킥이 많이 나올 수밖에 없을 것 같다.

만약 브라질이 북중미 월드컵 본선에 진출하면, 역대 최다 기록을 경신하게 된다. 브라질은 22번 연속 월드컵 본선에 올라 최고 기록을 갖고 있는데, 북중미 월드컵 본선에 오르면 23대회 연속 본선에 오르게 된다.

또한 브라질이 우승을 차지하면 가장 먼저 6번 우승을 차지하는 나라가 된다.

4. 북중미 월드컵에서 주목을 받을 스타들
이강인, 음바페, 엘링 홀란

펠레나 마라도나 또는 메시 같은 천재들을 제외하고는 축구 선수들의 전성기는 20대 중반부터 30대 초반까지로 본다.

2001년생인 이강인은 북중미 월드컵 때 공격수로 전성기인 25살이 된다. 정확한 킥력, 화려한 드리블, 세계 최고의 왼발 슈팅, 누구도 흉내 내기 어려운 창의적인 플레이 등으로 전 세계의 주목을 받을 가능성이 높다.

이강인은 한국 팀의 성적에 따라 초반 돌풍에 그칠 것인지, 중후반까지 태풍이 계속될 것인지 가려질 것으로 보인다.

유럽 축구 최고의 골잡이 노르웨이의 엘링 홀란, 프랑스의 킬리안 음바페는 북중미 월드컵이 열리는 2026년에 엘링 홀란은 25살, 킬리안 음바페는 27살로 전성기에 들어선다.

두 선수 가운데 음바페는 축구 강국 프랑스 선수이기 때문에 더욱 기대가 된다.

엘링 홀란은 득점력에서는 음바페에 조금도 뒤지지 않지만 노르웨이가 유럽에서도 축구 변방 국가이기 때문에 불리하다.

노르웨이는 2022 카타르 월드컵 본선 진출에 실패했었기 때문에 만약 북중미 월드컵 본선에 오른다면 엘링 홀란에게는 첫 월드컵이 된다.

잉글랜드 국가대표 주드 벨링엄은 2003년 생으로 북중미 월드컵 때 겨우 22살이 된다.

주드 벨링엄은 2023년 12월, 전 세계 21세 이하 선수 가운데 가장 축구를 잘하는 선수에게 주는 '골든보이'를 수상했다. 음바페는 2017년, 엘링 홀란은 2020년에 각각 골든보이상을 받았었다.

벨링엄은 1m 86cm의 미드필더로는 좋은 피지컬에 스피드가 뛰어난 데다 볼 소유와 볼 배급 능력이 탁월하다. 가장 중요한 것은 축구 지능이 천재적이라는 점이다.

아르헨티나의 라우타로 마르티네스는 2026년에 축구 선수로는 절정기인 29살이 된다.

마르티네스는 키(1m 74cm)는 크지 않지만 단단한 체격에 스피드, 돌파력, 슈팅이 좋다. '제2의 카를로스 테베스'로 불리며 세리에 A 인터 밀란과 아르헨티나 대표팀의 주 공격수로 활약하고 있다.

아일랜드 출신으로 프리미어리그 브라이튼에서 뛰고 있는 에반 퍼거슨(1m 88cm)은 2004년 10월 19일 생으로 10대 선수다.

에반 퍼거슨은 브라이튼 팀 공격의 절반 이상을 책임지고 있다.

18살이던 2022/2023 시즌에는 21개의 공격포인트(16골 5도움)를 기록했었다. 만약 아일랜드가 본선에 오르면 가장 주목받는 공격수 가운데 한 명이 될 가능성이 매우 높다.

그밖에 유럽에서는 프랑스의 라파엘 바란, 포르투갈 수비수 페페, 벨기에의 로멜루 루카쿠, 티보 크루투와 골키퍼, 러시아의 알렉산드로 코코린, 남미에서는 브라질의 안드레이 산토스, 아르헨티나의 발렌틴 카보니, 잔루카 프레시티아니 등이 두각을 나타낼 것으로 보인다.

아프리카에서는 알제리의 소피앙 페굴리, 아시아에서는 일본의 수비수 토미야스 다카히로(1m 88cm) 이토 히로키(1m 88m), 미드필더 미토마 카오루, 카마다 다이치, 공격수 구보 다케후사, 호주의 가랑 쿠올, 한국의 손흥민을 비롯해서 조규성, 김민재, 황희찬 등이 절정의 기량을 발휘할 것으로 예상된다.

5. 이강인이 주축이 될 한국, 월드컵 축구 첫 원정 8강 가능할까

한국 축구는 아시아 국가 가운데 월드컵 본선 성적이 가장 뛰어나다.

2026 북중미 월드컵 본선에 진출하게 되면 아시아 최초로 11대회 연속 본선에 오르게 되고, 1954년 스위스 월드컵까지 포함하면 모두 12번째 월드컵 본선 진출로 아시아에서 가장 많이 진출하게 된다.

월드컵 본선 성적도 2002 한·일 월드컵에서 아시아 국가로는 처음으로 4강에 올랐고, 2010 남아공 월드컵과 2022 카타르 월드컵에서 모두 16강에 올라, 원정 16강도 두 번이나 달성했다.

아시아에서 한국 다음으로 월드컵 성적이 좋은 일본은 1998 프랑스 월드컵에 처음으로 본선에 올라 예선에서 3전 전패로 탈락했다.

그 후 일본은 2022 카타르 월드컵까지 7대회 연속 본선에 올랐다. 2002 한·일 월드컵에서 처음으로 16강에 올랐고, 2010 남아공 월드컵, 2018 러시아 월드컵 그리고 2022 카타르 월드컵에서 16강에 오르는 등 모두 4번 16강에 진출했다.

만약 한국이 북중미 월드컵 본선에 오른다면 아시아 최초 '원정 월드컵 8강'이상의 성적이 가능할까?

한국이 북중미 월드컵에서 8강에 오르려면 조 예선을 통과해야 하고, 그 후 토너먼트인 32강, 16강전에서 2연승을 올려야 한다.

한국의 전력으로 볼 때 대진운이 작용하면 불가능한 목표는 아니라고 본다.

한국은 손흥민, 이강인, 조규성, 황희찬, 이재성, 작은 정우영, 황인범 등 유럽파들로 공격과 미드필더진을 꾸릴 수 있다. 다만 바이에른 뮌헨의 김민재, 브렌트포드의 김지수 등 해외파들이 있기는 하지만, 수비와 골키퍼는 국내파들이 주축을 이루게 된다.

2026년이면 한국 축구는 25살이 돼서 '절정의 기량'을 발휘하게 될 이강인 중심으로 짜여질 가능성이 높다.

이강인은 2019년 20세 이하 FIFA 월드컵에서 주축 선수들보다 2살이나 어려 '막내 형'이라는 소리를 들으면서 한국이 준우승을 차지하는 데 결정적인 역할을 하면서 '골든부트'를 수상했었다.

북중미 월드컵에서 2022 카타르 월드컵 16강 때처럼 토너먼트에서 브라질(1대4 패), 또는 프랑스, 아르헨티나 등 우승 후보들을 만나지 않는다면 8강을 노려볼 만하다.

6. 축구굴기 중국의 시진핑, 사상 두 번째 본선 진출시킬까

2012년 3월 7일 전북 현대의 홈구장인 전주 월드컵경기장에서 벌어진 2012 AFC 챔피언스리그 32강전 H조 조별리그 1차전에서 2011년 한국 프로 축구 챔피언 전북 현대가 2011년 중국 챔피언 광저우 헝다에게 1대5로 대패를 당해 큰 화제를 모았다.

그러나 중국 공산당 총서기 시진핑은 훗날 중국 축구인들을 만나 "그날(3월 7일) 광저우 헝다가 전북 현대에 아마 4골 차(5대1)로 이겼을 거예요. 그런데 광저우의 승리는 용병들 때문이었어요. 광저우가 수십억 원의 몸값을 주고 데려온 클레오, 콘카, 무리키 등의 용병들은 아시아 선수들보다 한 수 위였어요. 그래서 저는 광저우 헝다가 전북 현대에 이긴 것은 용병들 덕이기 때문에 중국 축구가 한국 축구를 이긴 게 아니라고 생각해요"라고 축구 전문가처럼 지적을 했다.

시진핑의 말처럼 광저우 헝다는 콘카에게 1,200만 달러의 이적료를 기록했고, 클레오와 무리퀴도 각 320만 유로, 350만 달러의 이적료를 주고 스카우트 해왔었다. 시진핑은 2012년 10월 중국의 슈퍼리그 베이징 궈안 팀을 방문해서도 선수들에게 따끔한 말을 했다. 그는 "지난해(2011년) 9월 우리나라가 친선경기에서 브라질에 0대8로 패한 것이 우리나라 축구의 현주소다. 그런데 슈퍼리그(중국 프로 축구) 팀들이 외국 선수 보유와 경기 출전을 더 늘리려 하는 것은 맞지 않다"라고 지적했다. 중국 축구의 발전을 위해서 당분간 외국선수들이 슈퍼리그에서 뛰는 것이 필요하지만, 그 숫자를 점점 줄여 나가서 우리나라 선수들이 실전 경험을 많이 쌓는 것이 중요하다"라고 중국 축구의 현실을 날카롭게 비판한 것이다.

시진핑은 축구 선수 생활을 하지는 않았지만, 1980년대부터 중국 내에서 벌어지는 축구 빅게임은 빼놓지 않고 직접 관전하고 있다. 그가 2011년 미국을 방문했을 때 미국 측은 시진핑이 스포츠를 좋아하는 것을 간파하고 LA 즉 로스엔젤레스에서 미국 남자 프로농구 NBA 경기를 관람할 수 있도록 했다.

농구장에는 시진핑과 함께 전설적인 NBA 가드 출신의 매직 존슨과 미국 프로 축구 팀에서 뛰고 있는 영국의 미남 축구 스타 데이비드 베컴이 함께 했는데, 두 스타플레이어가 각각 자신이 활약했던 종목의 유니폼에 사인을 해서 시진핑에게 선물했다.

그런데 시진핑이 매직 존슨의 농구 유니폼 보다 베컴에게 받은 축구 유니폼을 더 좋아했다고 한다. 시진핑은 베컴에게 "나는 당신의 팬이다"라고 말한 후 궁금한 것을 묻기도 했다. "그렇게 정확한 프리킥을 차기 위해서 따로 킥 훈련을 하느냐.", "모든 훈련이 끝난 후 30분 내지 1시간 정도 킥 훈련을 한다.", "프리킥이 골로 들어갔을 때 어떤 기분이냐.", "말로 표현하기 힘들다."

그는 그에 앞서 2008년 7월 15일 친황다오(秦皇島)에 위치한 올림픽 스타디움을 찾았을 때와 2012년 2월 아일랜드를 방문했을 때는 그라운드에 내려가서 직접 공을 차기(시축)도 했다. 두 차례 모두 축구화가 아닌 일반 구두를 신고 킥을 했는데, 시진핑의 킥력은 조기축구 수준을 넘어서는 것으로 보였다.

2011년 7월 4일 시진핑이 내한(來韓)했을 때 당시 민주당 대표였던 손학규 의원이 박지성의 친필 사인이 담긴 축구 유니폼을 선물했다. 시진핑은 선물을 받자 크게 웃으면서 손 대표에게 말했다. "내게 3가지 소원이 있다. 하나는 중국 축구가 2002년 한·일 월드컵(2002 한·일 월드컵, 한국과 일본이 개최국이라 어부지리로 출전)에 이어 또 한 번 월드컵 본선에 오르는 것, 두 번째는 중국에서 월드컵을 개최하는 것, 그리고 세 번째 중국이 월드컵에서 우승하는 것을 보는 것"이라고 말했다.

7. 북중미 월드컵 공동 개최국들
   미국, 캐나다, 멕시코의 성적은

2026 북중미 월드컵은 사상 처음으로 미국, 멕시코, 캐나다 등 3국에서 벌어진다. 종전에는 2002 한·일 월드컵 두 나라에서 벌어진 것을 제외하고는 모두 단일 국가에서 개최되었다.

2002 한·일 월드컵 개최국인 한국과 일본은 개최국 이점을 활용해 역대 최고의 성적을 올렸었다.

한국은 그전까지는 한 번도 조별 예선을 통과하지 못했지만 무려 4강까지 올라갔고, 일본도 사상 처음으로 16강 토너먼트에 진출했었다.

그렇다면 북중미 월드컵 개최국 미국, 멕시코, 캐나다는 어떤 성적을 올리게 될까?

미국은 1회 우루과이 월드컵에 출전해서 3위를 차지했다. 4조 예선에서 파라과이와 벨기에를 모두 3대0으로 완파하고 준결승전에 올랐지만 아르헨티나에게 1대6으로 대패를 당했었다.

미국은 1950년 4회 브라질 월드컵 2조 예선에서 잉글랜드를 1대0으로 꺾었다. 그 대회에서 미국이 축구 종주국 잉글랜드를 이긴 것이 100년 가까운 월드컵 역사상 최대 이변으로 꼽히고 있다. 그러나 미국은 스페인(1대3), 칠레(2대5)에게 각각 패해 조 예선에서 탈락했다.

미국은 4회 브라질 월드컵에서 잉글랜드를 꺾은 이후 무려 40년 만인 1990년 이탈리아 월드컵 본선에 올랐고, 2002 한·일 월드컵 조별 예선에서 개최국인 한국과 1대1로 비기는 등 8강 까지 진출해 1회 대회 이후 가장 좋은 성적을 올렸다.

미국은 1990년 이탈리아 월드컵 이후 2018 러시아 월드컵만 빼놓고 줄곧 월드컵 본선에 올라, 2022 카타르 월드컵까지 모두 11차례 월드컵 본선에 진출했다.

미국은 월드컵 본선에서 37전 9승 8무 20패를 기록하며 40 득점 66실점을 기록하고 있다.

캐나다는 1986년 멕시코 월드컵 때 처음으로 본선에 올랐다. 이어서 2022 카타르 월드컵 때 두 번째 월드컵 본선에 진출했다.

캐나다는 1986년 멕시코 월드컵 C조에서 구소련, 프랑스, 헝 가리와 한 조에서 헝가리(0대2), 프랑스(0대1), 구소련(0대2) 등 한 골도 넣지 못하고 3전 전패로 탈락했다.

캐나다는 2022 카타르 월드컵에서는 멕시코, 미국 등을 제치 고 북중미 카리브해 예선 1위로 본선에 진출했다.

캐나다는 카타르 월드컵 본선 F조에서 벨기에(0대1), 모로코(1 대2), 크로아티아(1대4) 팀들에게 3전 전패로 탈락했다.

캐나다는 두 번의 월드컵에서 6전 전패, 12골을 허용하고 2골을 넣고 있다.

북중미 카리브해의 축구 최강국 멕시코의 월드컵 본선 성적은 화려하다.

멕시코는 1930년 1회 우루과이 월드컵에서 3전 전패로 탈락했다. 이후 20년 만인 1950년 브라질 월드컵에 두 번째로 월드컵 본선에 올랐다. 그 후 1974년 서독 월드컵, 1982년 스페인 월드컵, 1990년 이탈리아 월드컵을 빼놓고 월드컵에 단골로 출전했다.

멕시코는 홈에서 벌어진 1970년 멕시코 월드컵과 1986년 멕시코 월드컵에서 모두 6위를 차지했었다.

멕시코는 월드컵 본선에 17번 올라, 60전 17승 15무 28패, 62골을 넣었고, 101골을 잃었다. 멕시코는 역대 월드컵 성적이 북중미 카리브해 전체 1위인 13위에 올라있다.

북중미 월드컵에서는 역시 북중미 최고의 축구 강국 멕시코가 돌풍을 일으킬 가능성이 높다. 미국도 최소한 토너먼트 진출은 가능할 것으로 보인다. 그러나 캐나다는 축구 자원이 부족해 어려울 것 같다.

캐나다는 2022 카타르 월드컵 북중미 카리브해 예선에서 전통의 축구 강국 멕시코, 미국 등을 제치고 1위를 차지했다.

캐나다에서는 1986년 멕시코 월드컵 이후 36년 만에 카타르 월드컵 본선을 달성한 세대를 '축구 황금 세대'라 불렀다. 그러나 캐나다는 앞서 언급을 했듯이 카타르 월드컵에서 벨기에, 모로코, 크로아티아에 3전 전패를 당했다.

그러나 캐나다의 '황금 세대'의 전성기는 북중미 월드컵 대회가 될 것으로 보는 시각도 많다.

황금 세대의 주축들인 수비수 알폰소 데이비스(바이에른 뮌헨), 공격수 조너선 데이비드(LOSC 릴) 등이 북중미 월드컵이 열리는 2026년에 절정기인 26살이 되고, 센터 백 도닐 헨리(1m 88cm, 캐나다 프리미어리그 HFX 원더러스) 등도 북중미 월드컵 때 수비수로서는 전성기인 33살밖에 안되기 때문이다.

미국은 유럽과 국내에서 활약하고 있는 선수들이 많다.

대표적인 선수가 이탈리아 세리에 A리그 유벤투스에서 뛰고 있는 티모시 웨아다. 티모시 웨아는 아프리카 출신으로 유일하게 발롱도르상을 수상했었던 라이베리아 대통령 조지 웨아의 아들이다. 주 포지션이 미드필더지만, 2022 카타르 월드컵 때 B조 예선 웨일스전에서 월드컵 데뷔골을 터트려 조지 웨아 대통령을 기쁘게 했었다.

그밖에 리즈 유나이티드의 미드필더 웨스턴 맥케니, 네덜란드 PSV 아인트호벤의 라이트 백 세르지뇨 데스트, 미국의 산호세

어스퀘이크스, 장신 공격수 메튜 호페(1m 90cm), AC 밀란의 윙어 클리스티안 폴리식, 보루시아 도르트문트에서 뛰고 있는 지오반니 레이나 등이 북중미 월드컵에서 미국 대표로 활약할 주요 자원들이다.

멕시코는 전통적으로 뛰어난 공격수와 골키퍼가 많이 배출되는 나라다.

세리에 A 살레르 니타나에서 활약하고 있는 기예르모 오초아 골키퍼는 북중미 최고의 골키퍼로 불리고 있다.

또한 풀럼에서 뛰고 있는 라울 히메네스, PSV 아인트호벤의 이르빙 로사노 등은 북중미 최고의 공격수를 다투고 있는 선수들이다.

웨스트 햄 유나이티드의 에드손 알바레스는 수비는 물론 미드필더까지 소화할 수 있는 다재다능한 선수다.

북중미 월드컵을 개최하는 멕시코, 캐나다, 미국 대표팀의 전력을 분석해 보면, 멕시코가 질적 양적으로 가장 우세해 세 팀 중에서는 가장 좋은 성적을 올릴 가능성이 있고, 미국도 토너먼트에 오를 가능성이 높다.

제8장

FIFA U-20 월드컵 축구

제8장

FIFA U-20 월드컵 축구

1. 1983 FIFA 세계청소년축구선수권대회 박종환 돌풍

한국 축구가 FIFA,주관 대회에서 가장 먼저 4강에 오른 것은, 피파 U-20 월드컵 전신인 1983년 FIFA 세계청소년축구선수권대회 였었다. 당시는 지금보다 한 살 어린 19살 미만의 대회였다.

한국은 스코틀랜드, 멕시코, 호주와 A조에 속했다.

스코틀랜드와의 첫 경기에서 0대2로 완패했다. 그러나 홈팀 멕시코와 벌인 2차전(아즈데카 경기장)에서 7만여 명의 대관중이 열렬히 홈팀을 응원하는 가운데 선제골을 내어준 후 겨우 동점 골을 터트려 1대1 상황에서 후반 44분 신연호의 극적인 결승골 로 역전승을 거뒀다.

붉은색 유니폼을 입고 뛰었던 한국 선수들에게 '붉은 악마' '벌 떼 축구'라는 별명이 붙기 시작했다.

　한국은 멕시코의 높은 고원에 대비해서 태릉선수촌에서 '마스크를 쓰고 훈련을 하는' 등 주어진 여건에서 최선을 다해 체력과 조직력에서는 자신 있었다.

　당시 한국 팀을 이끌던 고 박종환 감독의 지론도 '축구는 결국 체력에서 승부가 난다'였다.

　그 대회는 16팀이 참가해 4팀씩 4개 조로 나눠 각조 1,2위 8팀이 8강 토너먼트에 올랐는데, 한국은 호주와 조 예선 마지막 경기에서 김종건, 김종부의 릴레이 골로 2대1로 이기고 8강전에 진출했다.

　한국이 FIFA가 주관하는 대회에서 토너먼트에 오른 것은 그 대회가 처음이었다.

　월드컵에서는 1954년 스위스 대회 본선에 오른 이후. 두 번째 본선 진출을 노렸으나 번번이 탈락했었다.

　한국은 남미의 강호 우루과이와 8강전을 가져 연장 접전 끝에 신연호의 결승골로 이겨, 준결승전에 올랐다.

　준결승전에서 둥가, 베베토 등 화려한 멤버의 브라질에 1대2로 역전패했고, 폴란드와 3·4위전에서도 1대2로 패해 4위를 차지했다.

멕시코 멤버 가운데 김종부, 유병옥 두 명은 1986년 멕시코 월드컵 멤버가 되었다.

고 박종환 감독은 그 대회를 계기로 해서 프로 축구 일화 천마 팀을 맡아 1993년부터 1995년까지 K리그 3연패로 이끄는 등 한국 최고의 명장 반열에 올랐다.

그후 박 감독은 1990, 1995, 1996년 세 차례나 한국 대표팀 감독을 맡기도 했다.

2. 포르투갈 대회 남북 단일팀 8강 진출

FIFA U-20 월드컵(FIFA U-20 World Cup)은 국제축구연맹(FIFA)이 주관하는 대회로 2년마다 열린다.

1977년에 시작되어 2005년까지는 FIFA 세계청소년축구선수권대회(FIFA World Youth Championship)라는 명칭으로 불렸었다. 본선에는 24개국이 오른다.

아르헨티나가 7번 결승전에 올라 6번 우승을 차지했다. 브라질은 9차례나 결승전에 진출했지만 5번 밖에 우승을 차지하지 못했다. 포르투갈과 세르비아가 각각 2번 우승을 차지해 공동 3위를 달리고 있다. 그리고 가나, 스페인, 구소련, 독일, 잉글랜드, 프랑스, 우크라이나, 우루과이가 각각 한 번씩 우승을 차지했다.

한국은 박종환 감독이 이끌었던 1983년 멕시코 대회에서 4위를 차지했고, 2019 대회에서 정정용 감독이 '막내 형' 이강인을 앞세워 결승까지 올랐지만 우크라이나에 1대3으로 패해 준우승을 차지했다. 2023 아르헨티나 대회에서 4강에 올라 이제까지 준우승 한 번, 4강 두 번의 좋은 성적을 올리고 있다.

이제까지 22번의 대회에서 남미가 12번, 유럽이 10번 우승을 차지해 남미가 약간 앞섰다.

아프리카의 가나가 아프리카 이집트에서 벌어진 2009년 대회 결승전에서 브라질을 승부차기(0대0, 승부차기 4대3)로 꺾고 우승을 차지했다. 아프리카가 1승을 올린 반면 아시아는 카타르 (1981년), 일본(2009년), 한국(2019년) 등 세 나라가 세 차례 준우승에 머물렀다.

역대 골든볼 즉 MVP 수상 선수들이 화려하다. 1979년 고 디에고 마라도나, 2001년 하비에르 사비올라, 2005년 리오넬 메시, 2007년 세르히오 아궤로, 2013년 폴 포그바, 2019년 이강인 등이다.

남, 북한 축구가 국제축구연맹 FIFA가 주관하는 대회에 단일팀으로 출전한 것은 1991년 포르투갈 세계청소년축구대회가 유일하다.

1991년 포르투갈 세계청소년축구선수권대회는 8년 전, 1983년 멕시코 대회에서 남한이 4강에 오른 이후 남과 북이 하나가 돼서 출전한 매우 의미 있는 대회였다.

그 대회부터 연령 제한이 19세에서 20세로 높아져서 FIFA-19에서 FIFA-20대회로 명칭이 바뀌었다.

포르투갈 FIFA-20대회는 6월 14일부터 30일까지 각 대륙 예선을 통과한 16개국이 리스본 등 5개 도시에서 32경기를 치러 우승팀을 가렸다.

그 해 4월 남북 단일팀 코리아가 세계탁구선수권대회 여자 단체전에서 막강 중국을 꺾고 우승을 차지하자 불과 두 달 후인 6월에 벌어질 포르투갈 FIFA-20대회에서의 단일팀 구성이 긍정적으로 진행되었다.

1991 포르투갈 세계청소년축구대회는 아시아에서는 남북 단일팀과 시리아 2팀이 출전했다.

남북 단일팀인 '코리아 팀은' 16개 팀을 4개 팀씩 4개 조로 나눈 가운데 개최국 포르투갈, 아일랜드, 아르헨티나와 A조에 속했다.

코리아 팀은 남북 단일 탁구팀과는 달리 이번에는 북측의 안세욱 감독, 남측의 남대식 코치가 코칭스텝을 이뤘다. 또한 남측의 장충식 씨가 단장을 맡았다.

남과 북은 1년 전인 1990년 아시아청소년축구선수권대회 결승전에서 만나 남한이 북한을 꺾고 우승을 차지했었기 때문에 사실 아시아 최강 팀을 이룬 셈이다.

18명 가운데 남과 북이 각각 9명씩이었으나 선수 구성을 보면, 남측은 노태경, 이임생, 강철, 박철 등 주로 수비수가 많았고, 북측은 최철, 윤철, 최영선, 리창하 등 공격에 숫자가 많았다. 북측 선수들이 발이 빠르고 순발력이 좋고, 남측 선수들은 시야가 넓고 경험이 많은 것을 감안한 선발이었다.

코리아 팀은 6월 15일 리스본 이스타디우 다 루스 경기장에서 벌어진 아르헨티나와의 첫 경기에서 후반 43분에 남측 조진호가 얻은 프리킥을 북측 조인철 선수의 중거리 슛 결승골로 1대0으로 이겨 기분 좋은 출발을 했다. 남과 북이 골을 합작한 매우 바람직한 장면이었다.

경기가 끝난 후 조인철 선수는 언론과의 인터뷰에서 "우리 국가단의 축구 선수들이 힘을 모아서 달리고 또 달렸기 때문에 이긴 것이다"라고 말했다.

이틀 후인 6월 17일 역시 이스타다우 다 루스 경기장에서 벌어진 아일랜드와의 경기에서는 90분 동안 치열한 공방전을 편 끝에 경기 종료 직전 북한의 최철이 극적인 동점골로 1대1로 비겼다.

6월 20일 A조 예선 마지막 경기에서는 홈팀 포르투갈의 토흐스 선수에게 전반 43분 결승골을 얻어맞아 0대1로 패해 1승 1무 1패 승점 4점으로 3전 전승을 올린 포르투갈에 이어 조 2위로 8강 토너먼트에 진출했다.

8강전에서 만난 B조 1위로 올라온 브라질은 호베르투 카를로스, 루이스 페르난두, 에우베르 등 브라질 축구의 미래를 책임질 세계적인 유망주들이 포진해 있었다.

8강전은 6월 22일 포르투의 아우타디우 다스 안다스 구장에서 벌어졌다.

코리아 팀은 전반 15분 마르키뉴스 선수에게 선제골을 허용했지만 전반 40분 최철 선수가 한 골을 만회해 1대1 동점을 이뤘다. 그러나 동점골을 넣은 지 1분 만에 에우베르 선수에게 추가골을 허용, 1대2로 한 골 뒤진 채 전반전을 끝냈다.

그러나 후반 시작하자마자 2분경, 자이르 선수에게 추가골을 허용했고, 8분 만에 자이르 선수가 또 달아나는 골을 터트려 이제 브라질은 1대4··· 3골 차로 멀어져 갔다. 후반 22분 브라질 에우베르 선수의 쐐기골로 코리아 팀 선수들의 사기가 땅에 떨어졌다.

코리아 팀은 함께 훈련한 기간이 불과 한 달 정도에 불과했다. 더구나 남북한을 통틀어 가장 잘 하는 선수를 뽑은 게 아니라 기계적으로 남한 9명, 북한 9명을 선정을 해야 했고, 실제 경기에도 11명의 선발진을 남과 북이 각각 5~6명으로 꾸려야 하기 때문에 최상의 전력을 구축할 수가 없었다.

포르투갈 FIFA-20 세계선수권대회 코리아 팀 구성은 '절반의 성공'이라고 불러야 할 것 같다.

피구, 후이 코스타 등 황금 세대를 이룬 포르투갈은 결승전에서 강호 브라질을 승부차기로 꺾고 우승을 차지했다.

3. 역대 FIFA 'U-20 월드컵'이 배출한 스타들

FIFA U-20 대회는 1979년 아프리카 튀니지에서 1회 대회로 시작되어 44년 동안 22번의 대회를 치르면서 많은 스타플레이어를 배출해 왔다.

가장 대표적인 선수가 1979년 일본에서 벌어진 2회 대회에서 아르헨티나를 첫 우승 시키면서 최우수 선수가 된 고 디에고 마라도나다. 당시 아르헨티나는 결승전(구소련에 3대1 승)까지 6전 전승을 올리며 한 번도 패하지 않았는데, 20골을 넣고 단 2골만 허용했다. 디에고 마라도나는 조 예선에서 2골, 토너먼트에서 3골 등 모두 5골을 넣으며 대회 최우수 선수로 뽑히며 세계적인 스타로 떠올랐다. 대회 최다 득점은 아르헨티나의 라몬 디아스(8골)였지만 마라도나의 플레이가 워낙 뛰어났다.

2005년 네덜란드 대회에서는 아르헨티나의 리오넬 메시가 주목을 받기 시작했다.

2005년 아르헨티나는 D조 조별 예선에서 미국에게 0대1로 덜미를 잡혔다. 아르헨티나는 조 2위로 16강 토너먼트에 올라, 콜롬비아(2대1), 스페인과 8강전(3대1), 브라질과 준결승전(2대1) 그리고 나이지리아와의 결승전에서 2대1로 이겨 우승을 차지했다.

리오넬 메시는 6골로 최다 득점, 그리고 MVP까지 2관왕에 오르며 제2의 마라도나로 인정을 받기 시작했다.

2013년 튀르키예 대회는 폴 포그바(프랑스)를 위한 대회였다.

프랑스는 A조 예선에서 스페인에 패해 2위(1승 1무 1패)로 16강에 올랐다. 프랑스는 16강전에서 개최국 튀르키예를 4대1로 대파했고, 8강에서는 우즈베키스탄을 4대0, 준결승전에서 가나를 2대1로 제압하고 결승전에 올랐다.

프랑스는 우루과이와 결승전에서 연장전까지 120분 동안 득점 없이 0대0으로 비긴 후 승부차기에서 4대1로 이겨 첫 우승을 차지했다.

폴 포그바는 우루과이의 기예르모 데 아모레스 골키퍼를 제치고 최우수 선수로 선정되었다.

2019년 폴란드 대회는 준우승팀에서 최우수 선수가 나왔다. 바로 이강인이었다.

정정용 감독이 이끌었던 한국 대표팀은 '죽음의 F조' 첫 경기에서 포르투갈에 0대1으로 져 불안하게 출발했다.

그러나 남아프리카공화국을 1대0, 최다 우승국 아르헨티나를 2대1로 꺾고 조 2위(2승 1패)로 16강에 올랐다.

한국은 16강전에서 숙적 일본을 1대0, 8강전에서는 세네갈과 전·후반 2대2(후반 추가 시간 8분 이지솔 동점골)로 극적으로 비긴 뒤 연장전에도 3대3으로 승부를 가리지 못해 결국 승부차기를 벌였고 3대2로 이겨 중요한 고비를 넘겼다.

한국 축구로서는 1983년 박종환 사단 이후 36년 만의 4강 진출이었다.

이어서 4강전에서 에콰도르를 1대0으로 잡고 결승에 올라 우크라이나에 1대3으로 패해 준우승에 머물렀다.

2019년 폴란드 대회 골든볼(Golden ball)은 준우승에 그친 한국의 이강인 선수가 받았다. 이강인은 2골 4도움(6개 공격포인트)을 기록했는데, '막내 형'으로 불리며 창의적인 플레이와 완벽한 패스 등으로 기량을 인정받았다.

2023 아르헨티나 대회에서는 준우승에 머문 이탈리아의 체사레 카사데이 선수가 골든볼, 골든슈(7골)를 독점했다. 한국의 이승원은 3골(2골은 PK) 4도움으로 7개 공격포인트를 기록, 4년 전 이강인의 기록을 넘어서며 '브론즈볼'을 수상했다.

4. 20세 이하 FIFA 월드컵 남미 대 유럽 12대10

성인 월드컵처럼 FIFA U-20 대회도 유럽과 남미의 맞대결로 이어져 오고 있다.

1979년 구소련이 첫 우승을 차지한 이후 23번의 대회를 치르는 동안 남미가 12번, 유럽이 10번 우승을 차지해 남미가 유럽에 한 번 앞서고 있다.

아르헨티나가 6번 정상에 올라 가장 많이 우승을 차지했고, 브라질(5회)이 그 뒤를 따르고 있다. 2023년 아르헨티나 대회에서는 우루과이가 첫 우승을 차지했다.

유럽에서는 포르투갈이 두 차례 우승을 차지했고, 구소련, 유고슬라비아, 세르비아, 서독, 스페인, 프랑스, 잉글랜드, 그리고 지난 2019 폴란드 대회에서는 우크라이나가 우승을 차지했었다.

성인 월드컵이 2022년 카타르 월드컵에서 아르헨티나의 우승으로 남미 10, 유럽 12로 유럽이 남미에 두 번 앞서있는 것과는 반대로 남미가 유럽을 12대10으로 앞서고 있는 것이다.

유럽과 남미 외에는 아프리카(이집트)에서 벌어진 2009 대회에서 가나가 결승전에서 브라질과 120분 동안 혈투를 벌인 끝에도 득점이 나지 않아(0대0) 승부차기(4대3)로 꺾고 감격적인 우승을 차지했었다.

2009년 대회에서는 가나의 도미니크 아디이아 선수가 8골로 득점왕과 함께 '골든볼'도 차지해 2관왕에 올랐다.

도미니크 아디이아는 스피드와 기술은 있지만 피지컬(1m 72cm)에서 약점을 보이며 빅 리그에 진출하지 못하다가 2021년 타이리그(치앙마이 유나티이드) 팀에서 선수 생활을 마쳤다.

아시아 국가로는 2009년 일본, 2019년 한국이 각각 준우승을 한 것이 가장 좋은 성적이었다.

5. 세계를 깜짝 놀라게 한 가나 우승, 역시 수비 축구

아프리카(이집트)에서 벌어진 U-20 월드컵에서 아프리카 팀(가나)이 우승을 차지한 것은 당연한 것처럼 보지만, 두 번이나 준우승에 머물렀던 가나는 첫 우승을 위해 철저하게 준비를 했다. 특히 수비 쪽에 많은 신경을 썼다.

가나는 2009 U-20 월드컵 D조 예선에서 우승 후보 우루과이, 잉글랜드, 우즈베키스탄과의 D조 예선에서 2승 1무, 조1위로 16강에 올라 남아프리카 공화국(2대1)을 제압했고, 8강전에서는 홍명보 감독이 이끄는 한국을 3대2로 꺾었다. 준결승전에서 헝가리를 3대2로 제압하고 결승까지 진출해 대망의 우승을 차지했다.

가나는 결승전에서 5번째 우승을 노리던 막강 브라질의 공격을 무실점(0대0)으로 막고, 아프리카 최고의 골키퍼 다니엘 아그에이의 선방으로 승부차기에서 4대3으로 역전승을 거두며 세계 축구사에 불멸의 기록을 남겼다.

가나는 1993년, 2001년 두 차례 정상에 도전했었지만 준우승에 그쳤었는데, 감격스럽게 대회 첫 우승을 차지했다.

가나는 1993년 대회 결승에서 패배를 안겼던 브라질에 16

년 만에 설욕하며 아프리카 팀 가운데 유일하게 국제축구연맹 (FIFA)이 주관하는 대회에서 우승을 차지한 아프리카 팀이 되었다.(가나는 17세 이하 피파 월드컵에서도 우승을 차지했었다)

통산 5번째 우승에 도전했던 브라질은 공격에서 우위를 보였지만 가나의 조직적인 수비를 뚫지 못하고 승부차기 끝에 눈물을 삼켰다.

가나 골키퍼 다니엘 아그에이는 승부차기에서 브라질의 슈팅을 두 차례나 막아내며 우승 주역이 됐다.

가나의 도미니크 아디이아는 '골든볼'과 함께 득점왕을 차지해 2관왕에 올랐다.

6. 'FIFA 월드컵'과 'FIFA U-20 월드컵' 차이점

FIFA U-20 월드컵과 FIFA월드컵은 어떤 차이가 있나.

우선 U-20 월드컵은 나이 제한이 있다.

월드컵이라는 명칭은 2007년부터 쓰고 있고(그전까지는 FIFA 월드유스 챔피언십), 19세로 나이 제한을 하다가 1991년 대회부터 는 20세로 한 살 올렸다.

월드컵은 치열한 지역 예선을 벌이지만 U-20 월드컵은 지역 대회를 예선으로 한다.

아시아는 AFC U-20 아시안컵, 아프리카는 CAF U-20 네이 션스컵, 북중미 카리브해는 CONCACAF U-20 챔피언십, 남 아메리카는 CONMEBOL U-20 챔피언십, 오세아니아는 OFC U-19 챔피언십, 유럽은 UEFA U-19 챔피언십 대회로 지역 예 선을 대체한다.

아시아의 경우 AFC U-20 대회 1위부터 3위까지 3팀이 본선 에 오른다.

월드컵이 처음에 16개국 출전에서 1982년 스페인 월드컵부터 24개국, 그리고 1998년 프랑스 월드컵부터 32개국으로 늘었고, 이제 2026 북중미 월드컵부터는 48개국이 출전하는 것과는 달리,

U-20 월드컵은 1995년 카타르 대회까지 16개국이 출전하다가 1997년 말레이시아 대회부터 24개국으로 늘었다.

월드컵은 1930년 1회 우루과이 월드컵부터 4년 주기로 벌어지고 있지만, U-20 월드컵은 2년 주기로 열려오고 있다. 2019년 대회에 이어 2021년 대회가 취소 된 것은 '코로나 19' 때문이었다.

월드컵이 팀당 23명의 엔트리(2022 카타르 월드컵만 '코로나 19' 등으로 26명이었고, 교체 인원도 종전의 3명에서 5명으로 늘렸었다)지만, U-20 대회 각 팀 엔트리는 21명으로 제한된다.

월드컵이 유럽과 남미가 우승을 주고받고 있지만 U-20 대회는 2009년 이집트 대회에서 유럽과 남미를 제외한 제3대륙 아프리카의 가나가 우승을 차지했었다.

월드컵 최다 우승국은 브라질(5회)이지만, U-20 대회 최다 우승국은 아르헨티나(6회)다.

7. 17세 이하 'FIFA 월드컵 축구대회'

17세 이하 FIFA 월드컵은 1985년에 중국에서 시작되어 나이지리아가 첫 우승을 차지했다.

1991년 대회까지 16세 이하 대회였었다가, 1991년 대회부터 17세 이하로 한 살 높였다. 2005년 대회까지 16개국이 본선에 진출했는데, 그 후 24개국이 본선에 오르기 시작했다.

나이지리아가 5번 우승을 차지해 최다 우승국이 되었고, 브라질이 4번 우승으로 그 뒤를 따르고 있다.

이어서 가나와 멕시코가 각각 두 차례 정상에 올랐고, 구소련, 사우디아라비아, 프랑스, 스위스, 잉글랜드가 각각 한 차례씩 우승을 차지했다. 2023 인도네시아 대회에서는 독일이 프랑스와의 결승전에서 2대2로 비긴 후 승부차기에서 4대3으로 이겨 첫 우승을 차지했다.

스페인이 준우승만 네 차례 해서 가장 불운한 팀으로 남아있다.

19차례 대회를 치르는 동안 아프리카가 국가들인 나이지리아 (5회), 가나(2회) 등이 7회 우승으로 가장 우승을 많이 한 대륙으로 남아있다.

아시아 국가로는 1989년 대회에서 사우디아라비아가 유일하게 우승을 차지했고, 한국과 일본은 한 번도 4강에도 오르지 못했다.

이 대회는 1989년 대회 루이스 피구, 1993년 대회 잔루이지 부폰, 1997년 대회 호나우지뉴, 2001년 대회 이니에스타, 2003년 대회 다비드 실바, 2007년 대회 에당 아자르, 2023년 파리스 부르너(독일 도르트문트) 등 스타플레이들이 계속해서 나오고 있다.

제9장

여자 축구

제9장

여자 축구

1. 여자 축구의 시작

16세기만 해도 여자 축구는 남자 축구 못지않게 인기가 있었다.

여자 축구가 공식 경기로 열린 것은 그로부터 200년가량이 지난 18세기 스코틀랜드에서 벌어진 기혼 여자 축구팀과 미혼 여자 축구팀의 경기였다.

또한 게임브리지의 커튼 여자대학은 1877년 최초로 여자 축구를 체육교과 과정으로 채택해 많은 수강자가 있었다.

여자 축구 클럽이 처음 생긴 것은 1894년 잉글랜드 프레스턴의 디커스 클럽이었다.

최초의 여자 축구 국제 경기는 1920년 잉글랜드에서 벌어진 프랑스 대 잉글랜드의 경기로 1만여 명의 관중이 들어왔다.

그 후 1921년 잉글랜드 축구협회가 축구가 여성의 신체에 맞지 않는다며 축구장 사용을 금지시키면서 명맥이 끊겼다. 프랑스도 1930년부터 여성에게 축구장을 개방하지 않았다.

유럽 축구연맹 즉 UEFA는 잉글랜드 축구협회에 끊임없이 압력(여성에게도 축구를 하도록)을 가해 결국 50년이 지난 1971년 여성에게도 축구장을 사용할 수 있도록 했었다.

최초로 여자 축구를 정규 대회로 조직을 한 것은 여성 세리에 A가 1968년에 시작된 이탈리아였다. 이탈리아도 초창기에는 혼란을 겪다가 1974년에 정례화 시켰다.

여자 월드컵이 생긴 것은 1991년이었고, 1996년 애틀랜타 올림픽부터 여자 축구가 올림픽 정식 종목에 가입되었다.

남자 축구의 최강국이 브라질이라면, 여자 축구는 미국이라고 할 수 있다. 미국은 여자 월드컵과 여자 올림픽 축구에서 각각 네 차례씩 정상에 올라, 여자 축구 최강국으로 군림하고 있다.

한국 여자 축구는 1990년에 시작되어 초창기에는 중국, 일본 등에 많이 뒤지다가 지금은 어느 정도 따라잡은 상태다.

2. FIFA 여자 월드컵 축구대회

여자 월드컵 축구대회는 1991년 중국에서 시작 되어 4년 주기로 열려오고 있다.

여자 축구는 남자 축구와는 달리 미국에서 가장 인기가 많고 성적도 가장 좋다. 아시아에서는 중국과 일본, 북한, 유럽에서는 독일과 노르웨이가 여자 축구 인구가 많다. 남자 축구 강국 브라질의 여자 축구 인기도 만만치가 않다.

1991년 1회 중국 여자 월드컵은 개최국 중국과 일본, 대만(아시아), 미국(북중미), 브라질(남미), 독일, 이탈리아, 노르웨이, 스웨덴, 덴마크(유럽), 나이지리아(아프리카), 뉴질랜드(오세아니아) 등 12개국이 출전했었다.

미국, 스웨덴, 독일, 노르웨이가 4강에 올라, 미국이 결승전에서 노르웨이를 꺾고 첫 우승을 차지했었다.

그 후 2023년 9회 호주 뉴질랜드 월드컵까지 9번의 대회 가운데 4번을 미국이 우승을 차지했고, 독일이 두 번, 노르웨이, 일본, 스페인이 각각 한 차례씩 정상에 올랐다.

일본은 2011년 6회 독일 월드컵 결승전에서 강호 미국을 (승부차기로)꺾고 우승을 차지했다.

독일과 스페인은 남녀 모두 월드컵 우승을 차지한 유이한 국가다.

독일은 남자 월드컵 부분에서는 1954년 스위스 월드컵, 1974년 서독 월드컵, 1990년 이탈리아 월드컵에서 서독이 우승. 2014년 브라질 월드컵에서는 독일이 각각 우승을 차지했다. 여자 월드컵에서도 2003년 미국 여자 월드컵, 2007년 중국 여자 월드컵을 2연패 했었다.

스페인은 남자가 2010 남아공 월드컵 우승에 이어 2023년 호주, 뉴질랜드 여자 월드컵에서 우승을 차지했다.

한국은 2003년 4회 여자 미국 월드컵에 처음으로 본선에 올랐고, 2023년 9회 대회까지 네 차례 월드컵 본선에 올라 2015 캐나다 여자 월드컵에서 16강에 오른 것이 가장 좋은 성적이었다.

여자 월드컵 우승 상금은 2011년 대회에는 100만 달러였다가 2015년 200만 달러, 2019년 400만 달러로 2023년 1,050만 달러로 늘어났다.

그러나 2022 카타르 월드컵 우승 상금인 4,200만 달러에 비하면 아직은 터무니없이 적다.

3. 스페인, 여자 월드컵 첫 우승

스페인은 2023년 8월 20일 호주 시드니의 스타디움 오스트레일리아(관중 75,000명)에서 벌어진 국제축구연맹(FIFA) 호주·뉴질랜드 여자 월드컵 결승전에서 잉글랜드를 1대0으로 꺾고 처음으로 우승을 차지했다.

스페인이 전반 29분 결승골을 터트렸다.

스페인의 마리오나 칼덴테이가 내준 패스를 올가 카르모나가 페널티 박스 왼쪽에서 왼발로 강하게 차 넣었다. 스페인은 이번 대회 전까지 월드컵 본선에서 거둔 성적이 7전 1승 2무 4패 6득점 8실점으로 좋지 않았다.

스페인의 여자 월드컵 역대 성적은 랭킹 19위였다. 2015년 캐나다 대회에 첫 출전, 한국에 2대1로 패해 16강 진출에 실패했고, 4년 뒤 2019년 프랑스 대회에서는 처음으로 16강에 올랐었다. 스페인은 조별리그 C조 1차전에서 코스타리카를 3대0, 2차전에서 잠비아를 5대0으로 각각 물리쳤다.

스페인은 조별리그 3차전에서 대회 초반 돌풍을 일으켰었던 일본에게 0대4로 대패를 당했다. 그러나 16강전에서 스위스를 5대1로 제압하면서 상승세를 타기 시작했고, 8강전에서 네덜란드를 연장 접전 끝에 2대1로 제압했다. 준결승전에서는 스웨덴을 2대1로 꺾고 결승전에 올랐다. 스페인은 호주·뉴질랜드 대회 우승으로 5번째 '여자 월드컵 우승국'이 되었다.

호주·뉴질랜드 대회에서 미국, 독일, 노르웨이 등 기존의 여자 축구 강국들이 모두 준결승 진출에 실패했고, 나이지리아, 남아프리카공화국, 모로코 등 아프리카 국가들과 북중미의 자메이카 등이 16강에 진출하면서 여자 축구도 어느 정도 평준화가 이뤄졌다고 볼 수 있다.

또한 여자 월드컵 사상 역대 최다 관중 기록이었었던 135만 명(2015년)을 넘어선 150만 명의 관중을 끌어모았고, 8,000억 원에 가까운 수익을 올리면서 여자 월드컵도 남자 월드컵처럼 흑자 대회로 전환했다. 한국은 2015 캐나다 대회 이후 8년 만에 토너먼트 진출을 노렸지만 1무 2패로 탈락했다. 지소연, 박은선 등의 베테랑들과 여자 월드컵 사상 가장 어린 17살의 케이시 페어 등 어린 선수들의 패기를 조합해 좋은 성적을 기대했지만 역시 여자 축구 세계의 벽은 여전히 높았다.

MVP인 '골든볼'은 스페인의 아이타나 본마티(3골 2도움), 스페인의 2003년생 공격수 살마 파라유엘로가 영 플레이어 상을 수상했다. 득점왕인 '골든부트'는 일본의 미야자와가 받았다.

4. 브라질의 마르타 남녀 통틀어 월드컵 최다골

브라질 여자 축구의 간판스타 마르타(37)가 2023 제9회 호주·
뉴질랜드 FIFA 여자 월드컵 출전으로 국제축구연맹(FIFA) 월드
컵 6회 출전의 대기록을 달성했다.

마르타는 2003년 미국 여자 월드컵부터 지난 2019 프랑스
여자 월드컵까지 5개 대회 연속 월드컵에 출전했었다. 그런데
2023 호주·뉴질랜드 FIFA 여자 월드컵 최종 엔트리 23명에 이
름을 올렸다. 마르타는 당시 왼쪽 무릎 부상으로 몸 상태가 정상
이 아니지만 마지막 기회를 얻었다.

남자 월드컵 최다 출전은 5회인데, 기예르모 오초아, 안드레스
과르다도, 안토니오 카르바할, 라파 마르케스(이상 멕시코), 로타
어 마테우스(독일), 잔루이지 부폰(이탈리아), 크리스티아누 호날두
(포르투갈), 리오넬 메시(아르헨티나) 등 8명이다. 여자 월드컵은 마
르타 외에 사와 호마레(일본), 오노메 에비(나이지리아)가 이미 6차
례 월드컵 본선에 올라, 모두 3명이 기록을 갖게 되었다.

월드컵 역대 최다 출전 기록은 포르미가(브라질)가 갖고 있는
데, 7연속 월드컵 본선에 출전한 바 있다.

마르타는 브라질 국가대표 유니폼을 입고 174경기에 출전,

115골을 기록하며 브라질 남녀 축구를 통틀어 A매치 최다 득점 기록을 보유하고 있다. 브라질의 남자 대표팀 최다 득점은 네이마르(파리 생제르맹)와 고 펠레(이상 77골)가 갖고 있다.

남자 A매치 최다골은 포르투갈의 크리스티아누 호날두가 갖고 있는 128골(205경기 출전)이다. 마르타는 5번의 월드컵에서 모두 17골을 넣어 남녀 월드컵 통산 최다 득점 기록을 갖고 있다.

그러나 마르타는 아직 월드컵 우승컵이 없다. 마르타의 월드컵 최고 성적은 2007년 중국 여자 월드컵의 준우승이다. 마르타는 그 대회에서 7골을 넣으며 득점왕과 최우수 선수상을 수상했지만 브라질은 결승전에서 독일에 0대2로 패해 준우승에 머물렀었다.

5. 17세, 20세 FIFA 여자 월드컵

여자 월드컵은 U-17, U-20 두 대회가 있다.

U-17 월드컵은 2008년 뉴질랜드에서 벌어져 결승전에서 북한이 미국을 연장전 끝에 2대1로 이기고 초대 우승국이 되었다.

2010년 U-17 트리니다드 토바고 여자 월드컵에서는 한국이 결승전에서 일본(3대3, 승부차기 5대4)을 꺾고 남녀 축구를 통틀어 FIFA 주관 대회 첫 우승을 차지했다. 여민지는 한국의 우승에 일등 공신 역할을 하며 골든볼, 골든슈 2관왕을 차지했다.

2022년 인도 대회까지 스페인과 북한이 각각 두 차례씩 정상에 올랐고, 한국, 일본, 프랑스가 각각 한 차례씩 정상에 올랐다.

20세 이하 피파월드컵은 FIFA U-19 세계여자축구선수권대회라는 대회명으로 처음 시작했다가, 2006년에는 참가 연령을 19세 이하에서 20세 이하로 상향 조정되었고 2008년에는 대회 명칭을 지금의 이름으로 변경해 짝수 해마다 개최되어 오고 있다. 여자 축구의 전통 강호인 미국과 독일이 각각 3회 우승으로 최다 우승 기록을 가지고 있으며, 북한이 2006년과 2016년 두 차례 우승을 차지했다.

2018 프랑스 대회는 일본, 2022년 코스타리카 대회는 스페

인이 각각 정상에 올랐다. 2020년 대회는 '코로나 19'로 취소되었다.

한국은 20세 월드컵에서 2010년에 4강에 올라, 3·4위전에서 콜롬비아를 1대0으로 제압하고 3위를 한 것이 가장 좋은 성적이었다. 그 대회에서 지소연 선수가 실버볼과 실버슈를 차지했다.

6. 이란과 여자 축구

    이란은 1979년 이슬람 혁명 이후인 1981년부터 여성의 축구 경기 관람을 금지해왔었다. 친선경기 등에서 선수들의 여성 가족이나 고위공직자의 관람을 극히 제한적으로 허용했으나 프로 축구 경기 관람을 허용한 적은 한 번도 없었다. 2019년에는 축구 경기장에 입장하려다 구속된 여성이 재판을 앞두고 자살을 하기도 했었다.

    이슬람 혁명 이후 40년 넘게 여성의 프로 축구경기 관람을 허용하지 않아 왔던 이란이 2022년 8월 25일 예외적으로 여성 관중에게 경기장 문을 개방했다.

    그날 이란의 수도 테헤란에 있는 아자디 축구 경기장에는 여성 관중 수백 명이 입장했다. 그날은 프로 리그 에스테글랄 에프시(FC)와 사나트 메스 케르만 에프시의 경기가 열린 날로, 여성들은 자신들이 좋아하는 팀의 깃발을 흔들며 열렬히 응원을 했다. 국제축구연맹(FIFA)과 아시아축구연맹(AFC)이 이란축구연맹에 여성들의 축구 관람을 요구하는 공동서한을 보내는 등 압박하면서 프로 리그에서는 그날 처음으로 여성이 경기장에 들어갈 수 있었다.

경기장을 찾은 수백 명의 여성 관중들은 경기가 계속되는 내내 특정 팀을 응원하면서 축구를 즐겼다.

그날 여성 축구 팬들은 '여성 전용 구역'에 모여 앉아야 했고, 여성 경찰들의 감시도 받았다.

남편과 함께 경기를 보러 온 여성들도 남편과 떨어져서 경기를 봐야 했다.

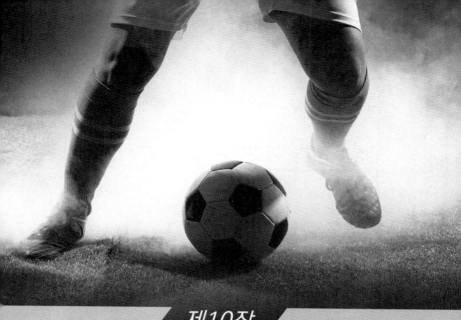

제10장

추가 시간,
이것만은 알고 보자

제10장

추가 시간, 이것만은 알고 보자

1. 월드컵에도 금메달이 있다

올림픽뿐만 아니라 월드컵에도 메달이 주어진다. 우승팀에게
는 금메달, 준우승 은메달, 3,4위 팀에게는 동메달을 준다.

월드컵이 올림픽과 다른 점은 4위 팀 선수들에게도 동메달을
주는 것이다. 2002 한·일 월드컵 때 튀르키에와의 3·4위전에서
패한 한국 선수들도 3위를 한 튀르키에 선수들과 똑같이 동메달
을 받았었다.

올림픽과 월드컵이 또 다른 점은 올림픽은 엔트리에 든 선수
들에게만 메달을 주지만, 월드컵은 감독, 코치 등 코칭스텝 진
까지 포함해서 40명에게 메달을 준다.

월드컵에는 그밖에 5개의 개인상이 주어진다.

골든볼(Golden Ball)은 대회 최고의 활약을 한 선수에게 주는 사실상 MVP 상이다. 2022 카타르 월드컵 때는 우승팀 아르헨티나의 리오넬 메시가 수상을 했다. 메시는 2010 남아공 월드컵 때도 이 상을 받아, 1982년 스페인 월드컵 때 상이 생긴 이후 처음으로 두 차례 수상한 선수가 되었다.

골든부트(Golden Boot)는 대회 최다골을 넣은 득점왕에게 주는 상이다. 2022 카타르 월드컵 때는 8골을 넣은 킬리안 음바페가 받았다.

골든글러브(Golden Glove)는 대회 최우수 골키퍼에게 주는 상이다. 1994년 미국 월드컵 때부터 야신상으로 재정되었다가, 2010년 남아공 월드컵부터 골든글러브로 명명되고 있다. 2022 카타르 월드컵 때는 결승전에서 프랑스의 승부차기를 잘 막아낸 아르헨티나의 에밀리아노 마르티네스 골키퍼가 받았다.

FIFA 영 플레이어상(FIFA Young Player Award)은 월드컵에 처음으로 출전하는 21세 이하 선수들 가운데 최우수 선수에게 주어지는 상이다. 2006년에 처음 재정되었다. 2022 카타르 월드컵 때는 아르헨티나의 엔소 페르난데스(벤피카)가 받았고, 2018 러시아 월드컵 때는 프랑스의 킬리안 음바페(파리 생제르맹)가 수상했었다.

FIFA 페어플레이 트로피(FIFA Fair Play Trophy)는 1970년 멕시코 월드컵 때부터 만들어졌다. 그 대회에서 최고의 페어플레이 기록(옐로카드를 가장 적게 받는 등의)을 세운 팀에게 준다.

2. 월드컵 경우의 수, 타이브레이커

월드컵에서는 승점이 같을 경우에 대비해서 '타이브레이커 제도'를 만들어 놓았다.

만약 조별 예선에서 두 팀의 승점이 동률일 경우 골 득실이 더 많은 팀, 골 득실까지 같으면 골을 더 많이 넣은 팀이 우세한 것으로 한다.

그런데 조별 예선에서 승점, 골 득실, 다득점까지 같으면, 맞대결에서 승점이 더 많은 팀, 맞대결에서 골 득실이 더 많은 팀, 맞대결에서 다득점한 팀이 우세한 것으로 한다.

그래도 승부가 가려지지 않으면 레드카드와 옐로카드를 적게 받은 팀이 우세한 것으로 한다.

그래도 우열이 가려지지 않으면 '제비뽑기'를 한다.

개인 타이틀도 타이브레이커 규정을 적용한다.

득점왕을 가릴 때 골 수가 똑같으면 도움 숫자가 많은 선수가 '골든부트'를 수상한다.

도움까지 같으면 출전 시간이 적은 선수가 수상하고, 가능성은 거의 없지만 그래도 우열이 가려지지 않으면 공동 수상한다.

3. 훌리건

영국에서 난동을 부리는 극성팬들을 훌리건이라고 부른다.

응원하는 팀이 지면 화가 나서 난동을 부리고, 응원하는 팀이 이기면 상대 팀 팬들을 조롱하며 싸움을 일으킨다. 즉 승패에 관계없이 무조건 싸운다.

3가지 설이 있다. 훌리스 갱(Hooley's gang)이 와전되면서 생겨났다는 설, 아일랜드 출신으로 악명 높았던 훌리핸(Houlihan) 가문에서 유래되었다는 설, 동유럽에서 생겨나 영국으로 유입된 외래어라는 설이 있다.

축구의 종주국인 영국에서 가장 먼저 유래되었다.

4. 왁스(WAGs)

왁스는 축구 선수들의 아내와 여자 친구들을 말한다.

왁스는 2006년 독일 월드컵을 계기로 영국에서 하나의 사회 현상이자 축구관련 문화로 자리 잡았다.

2006년 독일 월드컵 기간 동안 잉글랜드 월드컵 축구 대표팀의 아내와 여자 친구들이 소도시인 바덴바덴의 특급호텔 숙박비, 명품 쇼핑 등에 수백만 유로씩 쓰면서 세계 언론의 집중 관심을 받게 되었다.

당시 스페인의 한 언론은 이들 왁스들을 가리켜 '비자카드를 소지한 훌리건'이라고 소개하기도 했다.

잉글랜드는 그 대회에 8강에서 포르투갈에 승부차기로 패해 탈락했다.

4년 후인 2010 남아공 월드컵 잉글랜드의 카펠로 감독은 대회 기간 동안 왁스들의 잉글랜드 축구 대표팀 접근을 원천적으로 막았다.

그러나 잉글랜드는 16강전에서 독일에 1대4로 패해 탈락했다. 잉글랜드가 월드컵에서 3골 차 이상 패한 것은 그 경기가 처음이었다.

5. 떡 잔디

일명 '떡 잔디'라고 부르는 중동이나 동남아의 축구장 잔디는 건조한 날씨 때문에 위쪽은 잎이 넓어 무성하지만 아래쪽의 뿌리 근처는 엉성하게 비어 있어 발이 푹푹 빠지는 느낌을 준다.

잎이 넓고 무성한 떡 잔디는 체력 소모가 심하고 바운드가 불규칙할 뿐만 아니라 양 잔디에 비해 쿠션 효과가 적어 볼의 속도가 줄어들지 않는다.

떡 잔디는 기술 축구를 하는 팀에게는 불리할 수밖에 없다.

6. 보스만 룰

보스만 룰은 '보스만 사건', '보스만 판결'이라고도 불리는데, 보스만은 선수 이름으로 장 마르크 보스만 선수로 인해 생긴 룰이라고 할 수 있다.

보스만 룰의 요점은 "계약이 끝난 선수는 자신이 소속된 구단의 동의와 이적료에 상관없이 팀을 옮길 수 있다"는 것이다.

그렇다고 누구나 보스만 룰이 적용되는 것은 아니고, 소속팀과 계약 기간이 6개월 미만인 선수만 활용할 수 있다. 선수가 (다른 팀과의)협상에 성공하면 해당 선수는 이적료 없이 다른 팀으로 이적할 수 있다.

7. 바이 아웃 조항

선수와 원 소속 구단 사이의 계약을 일정 액수의 금액을 지불하고 임의로 해지할 수 있는 조항이다.

예를 들어 손흥민이 토트넘 홋스퍼 구단에 1,000억 원의 '바이 아웃'이 책정되어 있다면, 다른 팀에서 1,000억 원의 이적료를 제시하면 토트넘은 무조건 손흥민을 내주어야 하는 것을 말한다.

물론 그 경우에도 당사자인 손흥민이 (이적에)동의를 해야 협상을 할 수 있다.

8. 바이 백 조항

A 팀에서 현재 주전으로 뛸 자리를 없지만, 앞으로 성장 가능성이 있는 선수를 B팀에 보낼 때 '바이 백 조항'을 붙인다. 그러니까 프로 스포츠에서 선수의 이적이 발생할 때 삽입되는 조항이다.

바이 백은 선수의 원 소속팀이 선수의 이적 이후 특정한 시간이 지난 뒤 일정한 이적료를 현 소속팀에게 지급함으로써 선수를 재 영입할 수 있는 권리를 가지는 조항이다.

원 소속팀이 바이 백 조항을 가동할 경우 선수의 현 소속팀은 그 선수의 이적을 거부할 수 없다.

9. FA 제도

FA(Free Agent) 보류 조항이 존재하는 프로 축구 리그에서 선수가 자유롭게 다른 팀으로 이적하게 할 수 있는 제도를 말한다. 그러니까 선수와 구단의 자유로운 계약을 의미한다.

원 소속 팀과 계약기간이 종료된 선수는 자유(Free)로운 신분, 즉 무적(無籍) 상태가 돼서 다른 팀과 자유롭게 계약을 할 수 있다.

10. 이적료

선수가 팀을 옮길 때 구단끼리 주고받는 돈이다.

굳이 따지자면 원 소속 팀에서 해당 선수를 포기하는 대가로 받는 돈이다.

따라서 이적료는 그 선수의 실질적인 시장 가치를 말한다.

원칙적으로 이적료는 구단의 몫이지만, 특별한 경우 선수에게 일부 금액이 지불되는 경우도 있다.

이적료는 현재 그 선수의 실력, 앞으로의 가치 등을 평가해서 매기기 때문에 실력과 함께 나이가 중요한 잣대가 된다. 축구의 경우 20대 초반에 최고의 가치를 평가받다가, 30대 초반을 넘어서면서 시장 가치가 점점 떨어지게 된다.

연봉은 클럽 팀에서 선수에게 주는 월급이다. 해당 선수가 클럽에 기여한 공헌도, 뛴 기간, 현재 능력 등을 감안해서 책정된다.

11. 빌드업

빌드업(Build-up)이라는 용어를 문자 그대로 해석하면 건축물 같은 무언가를 쌓아 올리는 것이다.

축구에서의 '빌드업'은 공을 가지고 팀 동료에게 연결하며 적진으로 나아가 공격하는 일련의 과정 중 기초 단계를 의미한다.

빌드업은 골키퍼나 수비에서 시작할 수도 있고, 미드필더나 공격수에서 시작하는 경우도 있다.

빌드업을 중요시한다는 것은 점유율을 중요하게 여기는 축구라고 봐도 좋다.

12. 승강제

축구에서만 있는 독특한 리그 운영 방식이다.

1년 동안 리그를 한 후 성적에 따라 1부 리그 하위 팀들이 2부 리그로 내려가고, 2부 리그 상위 팀들이 1부 리그로 올라가는 제도다.

잉글랜드 프리미어리그의 경우 1부 리그 20개 팀이 홈 앤 어웨이로 38라운드를 치러 18위부터 20위까지 3팀이 2부 리그(챔피언십리그)로 떨어지고, 챔피언십리그(2부 리그) 세 팀이 프리미어리그로 승격된다.

브라질리그의 정식 명칭은 캄페오나투 브라질레이루지 클루비스 다 세리 A(Campeonato Brasileiro de Clubes da Série A)다. 브라질 리그의 가장 큰 특징은 세계의 프로 축구리그 가운데 가장 변화가 심하다는 점이다. 무려 하위 4개 팀이 하부리그로 떨어진다.

13. 파넨카킥

파넨카킥은 페널티킥의 한 종류다.

대개의 페널티킥은 골키퍼가 막지 못하도록 골대 구석으로 강하게 찬다. 그러나 파넨카킥은 골키퍼 정면으로 살짝 띄워 차는 것을 말한다. 결국 '칩슛 형태의 페널티킥'이 된다.

만약 키커가 파넨카킥을 찬다는 것을 골키퍼가 알면 90퍼센트 이상 막을 수 있는데, 거의 모든 골키퍼들은 설마 '칩슛'을 시도 할까? 의문을 갖게 된다.

파넨카는 체코슬로바키아 미드필더 안토닌 파넨카(Antonin Panenka) 선수에게서 유래되었다.

1976년 'UEFA 유로 76' 대회에서 체코슬로바키아가 사상 처음 우승을 차지했는데, 서독과의 결승전에서 2대2 무승부를 이룬 끝에 승부차기에 돌입했다. 체코슬로바키아가 4대3으로 앞선 가운데 다섯 번째 키커인 파넨카가 골키퍼 정면으로 살짝 띄운 공이 골이 되면서 체코슬로바키아의 승리로 끝났다.

독일은 월드컵 승부차기에서 4전 전승을 올리는 등 승부차기에서 매우 강한데, '1976 유로' 대회는 독일이 메이저 대회 승부차기에서 패한 유일한 대회로 남아있다.

14. 축구화 징

축구화 밑창에 붙어있는 징(Stud)의 개수는 공격수와 수비수에 따라 다르다.

선수들이 흔히 '뽕'이라 부르는 징의 수는 공격수의 경우 민첩함이 요구되기 때문에 앞에 4개 뒤에 2개 등 6개의 징이 달린 축구화를 신는다.

그러나 수비수는 단단한 지지력이 더 중요하기 때문에 앞에 8개 뒤에 4개 모두 12개가 달린 축구화를 신는다.

비가 올 때는 더 단단한 소재로 만든 징이 달린 축구화를 신고, 맨땅에서 경기를 할 때는 30~40개의 고무 징이 촘촘하게 박힌 축구화를 착용한다.

또한 인조 잔디에서는 거기에 맞는 축구화(징)를 신어야 한다.

징은 발에 가해지는 충격을 분산시키고, 발의 피로를 최소화하기 위해 단다.

15. 축구 선수가 한 경기에서 달리는 거리

한 경기에서 선수들은 골키퍼를 제외하고 보통 8~13km를 뛰게 된다.

이를 포지션 별로 보면, 스위퍼나 스토퍼는 8~10km, 스트라이커는 12km 정도이며 미드필더는 가장 많은 12~14km를 달리게 된다.

선수들은 보통 한 경기에 공을 잡고 있는 시간이 2분을 넘지 않는다. 그 2분 동안의 볼을 터치하거나 상대팀의 공격을 막기 위해 8~14km를 달려야 하는 것이다.

선수들이 뛰는 스피드는 100m로 환산하면 빨리 뛰는 선수가 10초대 후반, 느리게 뛰는 선수도 14초 정도의 스피드라고 보면 된다. 우리가 잘 아는 손흥민은 11초대 후반까지 속도가 나온다.

선수들이 8~14km를 뛰는 것을 백분율로 나누어 볼 때, 풀 스피드로 뛰는 것은 약 7%, 상당히 빠른 스피드로 달리는 것은 20%, 조깅 정도의 속도로 뛰는 것은 36%, 걷다시피 하는 것이 25%, 수비의 경우 뒷걸음질도 해야 하기 때문에 뒤로 뛰는 경우는 대략 7%가량 된다.

16. 볼의 스피드

1997년 6월 프랑스에서 벌어진 컨페더레이션스컵 대회, 홈팀 프랑스 대 브라질의 경기에서 브라질의 세계적인 윙백, 카를로스가 25m 거리에서 그림 같은 프리킥을 성공시켰는데, 그 공의 스피드가 시속 120km에 달하는 빠른 스피드로 날아갔다. 카를로스의 발을 떠난 공은 엄청난 스피드로 마치 야구에서 투수가 던진 슬라이더처럼 휘어져 골대 안으로 빨려 들어가서 보는 관중들이나 TV 시청자들의 탄성을 자아냈다.

키 1m 67cm로 작은 키를 가진 카를로스는 강력한 킥력으로 잘 알려졌었는데, 그가 찬 볼의 스피드가 최대 150km까지 나온 적이 있다고 한다. 자신의 주 무기를 십분 활용을 해서 '20세기 최고의 골'을 넣은 것이다.

한국의 황보관 선수도 킥력에 관한 한 아시아 최고의 선수였다.

황보관은 1990년 이탈리아 월드컵 6월 17일 스페인과의 E조 예선 경기 한국이 0대1로 뒤지던 전반 43분경, 시속 114km의 강력한 킥으로 프리킥을 성공시켰었다.

일반적으로 프리킥이나 코너킥 등 정지된 상태에서 볼을 찰 때 스피드는 120km를 넘기 어렵고, 흘러나오는 볼을 찰 때는 최고 150km까지 나오는 것으로 알려져 있다.

17. 유럽 축구 선수들의 연봉, 주급제도

유럽 축구는 프리미어리그 등 거의 모든 리그가 소속팀 선수들의 연봉을 주급으로 주고 있다.

주급은 선수들의 연봉을 52주로 나눠서 주는 것을 말한다.

주급은 크게 두 가지로 나눠 볼 수 있다.

하나는 주급이 세금을 포함한 금액이라는 점이다.

만약 주급이 10억 원이라면 세금(영국의 개인소득세는 연봉이 2억 5,000만 원이 넘을 경우 45%)을 제외하면 5억 5,000만 원을 수령하게 된다. 그러나 리오넬 메시나 킬리안 음바페 같은 초특급 선수들은 구단에게 자신의 세금을 대신 내주는 조건을 관철시키는 경우도 있다

두 번째는 주급에 각종 수당은 포함되지 않는다는 점이다.

선수들은 연봉 외에 자신의 초상권, 출전 수당, 교체 수당, 공격포인트(골과 도움) 수당, 무실점 수당 등을 따로 받는다.

2024년 현재 세계 최고 연봉은 사우디아라비아 알 나스루 FC의 크리스티아누 호날두로 연봉이 2억 유로(2,892억 원)인데, 초상권과 광고 수익 등이 포함된 금액이다.

사우디아라비아 중동에 있는 클럽팀을 제외하고 순수 유럽선

수 연봉 1위는 파리 생제르맹(PSG)의 킬리안 음바페의 1,000억 원(주급 19억 원)이다.

한국 선수 가운데는 토트넘의 주장, 손흥민이 176억 원(주급 3억 4,000만 원)으로 바이에른 뮌헨의 김민재와 비슷하고, 이어서 이강인(PSG)이 107억 원(주급 2억 원)으로 3위, 황희찬(울버 햄튼)이 2023년 말에 계약기간을 2028년까지 늘리고, 연봉도 3배나 올라 78억 원(주급 1억 5,000만 원)으로 그 뒤를 따르고 있다.

18. 블루카드

국제축구평의회(IFAB)가 심판 판정에 대한 과도한 항의와 상대팀의 득점을 막는 전략적인 파울을 한 선수에게 '10분간 임시 퇴장'을 주는 '블루카드' 도입을 검토하고 있어, 축구계에 엄청난 변화가 일어날 것으로 보인다.

기존의 집행유예에 해당되는 옐로카드와 사형에 해당되는 레드카드 사이의 완충지대 즉 '블루카드'제가 도입될 가능성이 있는 것이다.

블루카드를 받아 10분간 경기를 뛰지 못하게 되는 선수는 '임시 퇴장' 구역에 10분간 머물다가 다시 경기에 투입되는 것이다. 그러니까 블루카드를 받은 팀은 10분간 10명이 뛰어야 되는 불이익을 당하게 된다.

블루카드도 옐로카드처럼 한 경기에서 두 장을 받으면 레드카드로 바뀌어서 퇴장을 당하게 되고, 옐로카드 한 장을 받은 상태에서 블루카드를 받거나, 블루카드를 받은 상태에서 옐로카드를 한 장 더 받으면 레드카드로 바뀌어서 즉시 퇴장당하게 된다.

국제축구연맹(FIFA)은 하위리그나 아마추어에서 적용을 해 본 뒤 프로 리그나 월드컵 같은 메이저 대회에 도입을 할 예정이다.

국제축구평의회(IFAB)는 1886년, 국제축구연맹(FIFA)보다 먼저 설립되었고, 축구 규정과 경기 방식을 정하는 권위 있는 단체로 스위스 취리히에 본부를 두고 있다.

포르투갈과 CONIFA(독립축구협회연맹) 대회에서는 '화이트카드'와 '그린카드'를 시도했었다.

'화이트카드'는 페어플레이를 한 선수를 격려해 주기 위해 도입한 카드다. 2023년 10월 포르투갈 5부 리그 경기에서 한 공격수가 상대 팀의 수비수가 부상을 당해 슈팅 찬스가 났지만, 슛을 하지 않고 공을 밖으로 내보내는 바람에 그 선수의 치료를 슈팅보다 우선시해 '화이트카드'를 받았었다. 그린카드는 지난 2018 CONIFA(독립축구협회연맹) 월드컵에서 사용된 바 있는데, 선수가 PK나 프리킥을 유도해 내기 위해서 다이빙을 하는 등 비 신사적인 플레이를 할 경우 '그린카드'를 받아서 퇴장을 하게 된다.

'그린카드'가 레드카드와 다른 점은 그 팀에 교체 카드가 남아있다면 그린카드를 받은 선수를 빼고 다른 선수를 그라운드에 투입할 수 있다. 하지만 교체카드가 남아있지 않으면 (한 명이 빠진 상태에서)그대로 경기가 진행된다.

핸드볼에는 파울을 한 선수에 대해 2분간 퇴장 제도가 있고, 아이스하키에도 파울의 경중에 따라서 2, 5, 10분간 퇴장 제도가 있다.

19. '요르단 왕'이 나셨네

스페인의 유력지 '마르카'가 2024년 2월 9일 요르단 축구 선수 알 타마리를 '요르단의 왕'으로 불린다고 소개했다. 알 타마리는 인구 1,100만의 작은 나라 요르단이 한국을 무너트리고 아시안컵 결승까지 끌어 올려놓은 후 '요르단의 왕'이 되었다고 쓴 것이다.

알 타마리는 원래 레프트 백이었지만, 왼발을 잘 쓰면서 윙어가 되었다. 프랑스 리그 1 몽펠리에에서 주전으로 활약하고 있다.

알 타마리는 2024년 2월 7일(한국시간) 오전 0시 카타르 알라이얀 아메드 빈 알리 스타디움에서 벌어진 한국과의 '2023 AFC 아시안컵' 4강전, 팀이 1대0으로 앞선 후반 21분, 한국 진영에서 이강인의 패스를 받은 황인범을 압박해서 공을 빼앗은 후, 한국 선수들 6명을 제치며 무려 50여 미터를 종횡무진 드리블을 한 뒤 자신의 주발인 왼발로 팀의 두 번째 골을 성공시켰다.

한국은 알 타마리의 쐐기 골을 얻어맞고 전의를 상실한 후, 유효슈팅 한 개도 날려보지 못하고 0대2로 참패를 당해야 했다.

알 타마리가 50여 미터 드리블을 한 후 터트린 쐐기골은 70년에 가까운 아시안컵 사상 '역대 최고의 골'로 불릴 만하다.

아르헨티나의 고 디에고 마라도나가 '펠레급'으로 불리게 된 것은 1986 멕시코 월드컵 잉글랜드와의 8강전에서 후반 6분경 '신의 손'으로 불리는 선취골을 넣은 후, 3분 후인 후반 9분경, 하프라인 근처에서 볼을 잡고 60여 미터를 드리블한 후 쉴튼 골키퍼까지 제치고 두 번째 골을 넣은 후부터였다.

그 골은 월드컵 역사상 최고의 골로 불리고 있다.

2023 카타르 아시안컵 요르단과의 준결승전에서 알 타마리에게 얻어맞은 골은 한국 축구 사상 몇 안 되는 뼈아픈 골로 남게 되었다.

한국 축구는 카타르 아시안컵이 끝난 후, 주장 손흥민과 이강인이 요르단전에 앞서 충돌한 것이 밝혀져서 엄청난 혼란을 겪어야 했었다.

요르단은 2023 카타르 아시안컵 결승전에서 개최국 카타르의 아크람 아피프가 페널티킥 해트트릭을 기록하는 바람에 1대 3으로 패해 준우승에 머물렀다.

그러면 한국 축구 사상 '뼈아픈 골들'은 어떤 골들이 있었을까?

2002 한·일 월드컵과 2023 카타르 아시안컵 때의 한국 축구는 너무나 비슷한 상황에 놓였었다.

카타르 아시안컵은 16강, 8강전에서 사우디아라비아(승부차기 4대2 승). 호주(연장전 2대1 승)와 모두 연장전을 치러 이겼었는데,

2002 한·일 월드컵 때도 16강전에서 이탈리아를 연장전 골든골, 8강전에서 스페인을 연장전까지 치른 후 승부차기로 꺾었었다.

한국은 2002 월드컵과 2023 아시안컵, 준결승전에 앞서 두 경기 모두 연장전을 치렀고, 월드컵에서는 '진공청소기'라고 불리며 미드필드를 휘저었던 김남일을 부상으로 잃은 채 독일과 준결승전에서 만났고. 아시안컵에서는 '아시아의 철벽' 김민재가 경고 누적으로 빠진 채 요르단과 만났다.

한국은 한·일 월드컵 독일과의 준결승전에서 잘 버티다가 후반 30분 '떠오르는 별' 마하엘 발락에게 '통한의 결승골'을 얻어맞고 0대1로 패해 결승전에 오르지 못했다. 만약 그 골이 없었다면 연장전 또는 승부차기에서 대 이변을 일으키고 결승전까지 오를 가능성도 있었다.

당시 독일에는 그 대회에서 '골든볼'을 수상한 올리버 칸 골키퍼가 있었지만 한국은 승부차기에 특화된 이운재 골키퍼가 골문을 지키고 있었다.

2006 독일 월드컵 스위스와의 조별 예선 경기 두 번째 골도 '황당하고 억울한 골'이었다.

당시 한국은 G조 1차전에서 토고에 2대1 역전승, 프랑스와 2차전에서 박지성의 동점골(1대1)로 1승 1무인 상태에서 스위스와의 3차전에서 전반 23분 필리페 센데로스에게 선제골을 허용한 것까지는 납득이 갔지만, 한국이 PK를 얻을 만한 상황에서 주심이 외면했고, 후반 22분 알렉산더 프라이의 골은 선심이 오프사이드 깃발을 들었는데도 불구하고 주심이 골로 인정해 0대 2로 패했다. 한국은 그 후 스위스의 골대를 맞추는 등 파상적인 공격을 퍼부었지만 만회골을 터트리지 못하고 0대2로 패해 탈락하고 말았다. 두 번째 골이 오프사이드 판정을 받았다가 골로 바뀐 '통한의 뼈를 얻어맞는 골'이였다.

월드컵 축구 100년

100번의 영광과 좌절의 순간들

초판인쇄 2024년 03월 12일
초판발행 2024년 03월 20일
저　　자 기영노
발 행 인 권호순
발 행 처 시간의물레
등　　록 2004년 6월 5일
주　　소 경기도 파주시 숲속노을로 150, 708-701
전　　화 031-945-3867
팩　　스 031-945-3868
전자우편 timeofr@naver.com
블 로 그 http://blog.naver.com/mulretime
홈페이지 http://www.mulretime.com
I S B N 978-89-6511-455-0 (03690)
정　　가 19,500원